JN093817

International English Language Testing System

＼解いて身につく／

IELTS 重要英単語

アイエルツ

音声ダウンロード　赤シート付き

森田鉄也　著　嶋津幸樹

the japan times 出版

はじめに

1989年に誕生したInternational English Language Testing System、通称IELTSは、世界基準の英語試験として認知されています。2024年、遂に日本でもIELTSブームが到来し、日本国内の受験者数も激増しています。また世界の大学はもちろん、日本国内の大学入試でもIELTSが採用されるようになってきました。そのためIELTSを視野に入れた英語教育を実践している中学や高校も増えてきました。そんなIELTSに特化した唯一無二の英単語帳が完成しました。

本書『解いて身につくIELTS重要英単語』はIELTS書籍としては日本初、英単語の問題を解きながらマスターしていく形式で構成され、全ての問題の選択肢に例文・コロケーショ、そして豊富な英単語解説を加えています。問題を解いて終わりではなく、そこからさらに深く学び英単語を完璧に身につけていただくことができます。英単語の難易度は非常に高めでIELTS 7.0を目指すレベルとなっていますが、これが世界基準です。もちろん基本となる英単語もテーマ別にコロケーション形式で掲載しています。8つのIELTS頻出テーマと4技能別のテーマ、計12テーマで各10問の良質な問題、つまり120問を解きながら「使いこなせる英単語」をどんどん増やしていくことができるようになっています。

IELTSのスコアアップには良質な英文を大量に浴びること、耳から聞いて声に出して読むこと、そして全ての英文を自分事化して実際に使ってみることが重要です。本書では全ての英文を綺麗なイギリス英語音声で収録しました。テーマを意識して何度も問題を解き、何度も音声を聞き、自然にスラスラ口から英文が流れてくるまで反復練習をすることをおすすめします。また英文や解説には知識教養が身につく学びの要素を含めていますので、興味のあるテーマや英単語を調べて、深掘りしたいテーマは徹底的に極めていきましょう。本書を繰り返し学習した後には、その経験が英字新聞や英語放送のコンテンツを楽しめる力に繋がり、人と議論するときに使える英単語ばかりであることがおわかりいただけると思います。

今回は森田鉄也と嶋津幸樹の初の共著本、編集チームや出版社の皆様と何度も議論を重ね、良質な英文と豊富な解説にこだわり、最高の 1 冊を作り上げました。IELTS はもちろん、他の英語試験やこれからの人生でも役立つ情報が満載です。1 人でも多くの読者の皆様に問題を解き進むうちに、英単語が一つひとつ完璧に自分のものになっていく感覚を味わっていただきたいと願っています。

最後に IELTS は英語学習のゴールではありません。自分の真の英語力を測定する客観的指標の 1 つに過ぎません。最終的には自分が好きなことを追求するため、多種多様な人々と議論・協働するため、社会に貢献するために必要な英語を身につけ、なりたい自分、叶えたい夢を実現していきましょう。これからの皆さんの挑戦を応援しています。

著者一同

本書は 2023 年に株式会社 DHC から刊行された『解いて極める IELTS 英単語』を改訂出版したものです。

CONTENTS

会話文穴埋め問題

長文穴埋め問題

英文作成協力：Govindi Deerasinghe ／ Sadeesha Perera
カバー・本文デザイン／ DTP 組版：清水裕久（Pesco Paint）
録音・編集：英語教育協議会（エレック）

本書の使い方

問題ページ

❶ 解答目標タイム
問題それぞれに目安の時間を書いています。目標タイムで解き切ることを意識し、試験のスピード感を養いましょう。

❷ 問題文
Topic1 ～ 10 はシンプルな短文穴埋め問題です。(　　) に当てはまる単語を選択肢 ABC から選んで解答してください。

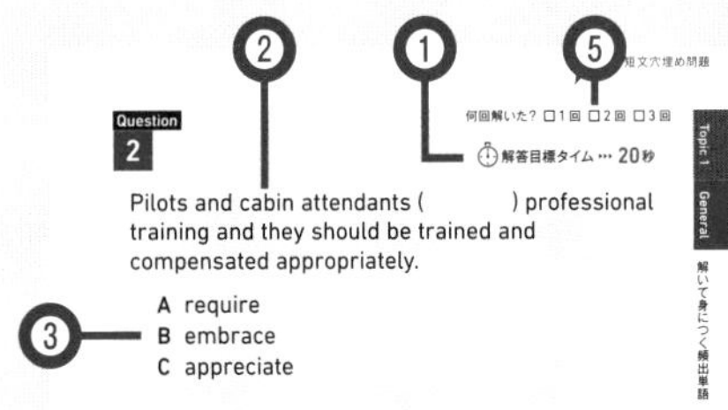

2
1
5
短文穴埋め問題
何回解いた？ □1回 □2回 □3回
Question
2
解答目標タイム … 20秒
Topic 1 General
Pilots and cabin attendants (　　　) professional training and they should be trained and compensated appropriately.
3
A require
B embrace
C appreciate
解いて身につく頻出単語

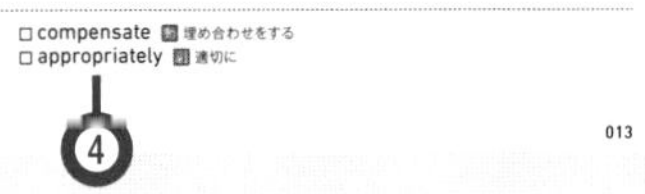

□compensate 動 埋め合わせをする
□appropriately 副 適切に
013
4

❸ 選択肢
通常こうした問題では選択肢の単語まで覚えようとはしませんが、本書では選択肢の単語も覚えます。解説ページに「見出し語」として単語集のように詳しい情報を載せています。ぜひ不正解の単語にも目を通してください。

❹ 補足の単語
IELTS 頻出単語としての紹介ではありませんが、問題を読み解くためには重要な語句です。

❺ 何回解いた？
1 回、2 回、3 回とチェック欄を設けました。学習頻度を記録していきましょう。

解説ページ

❻ 解法

森田先生による問題の解法。問題を解くための目のつけどころを学びとりましょう。

❼ 見出し語

問題の選択肢に掲載された単語はIELTS 最頻出語です。それらを単語集のように見出し語として改めて紹介しています。□のチェック欄には自分の理解度に応じて✓や○△×などをつけ、繰り返しチェックしましょう。

❽ 語義

IELTS で問われる語義を掲載。品詞は問題文中の品詞を表示しています。

❾ 例文・コロケーション

例文やコロケーションにも目を通して、単語が使われるシチュエーションを理解しましょう。

❿ 単語解説

嶋津先生が知っておくと役立つ英語の豆知識を紹介します。

⑦

Answer 2　正解 A　**require**

Pilots and cabin attendants require professional training and they should be trained and compensated appropriately.

パイロットやキャビンアテンダントは専門的な訓練を必要とするので、適切な訓練と報酬を受けるべきである。

目的語の professional training をとる動詞を選ぶ問題で (A) の require (必要とする) が文意に合う ⑥

選択肢の単語を全部覚えよう

□□□ **require** [rikwáiər]

動 必要とする ⑧

名 **requirement** (必要条件、必需品)

形 **requisite** (必須の)

- require absolute secrecy (絶対的な秘密を要求する) ⑨
- Attendance is required in this class. (このクラスでは出席が必須である)

re (強調) + quire (求める) から。need や necessary の代わりに無生物主語や受動態の形で使えるため IELTS ライティング必須の基本英単語である。同語源に question (質問) request (要求) inquiry (問い合わせ) などがある。

□□□ **embrace** [embréis]

動 愛情や熱意を持って抱擁する、受け入れる　名 抱擁

類 **accept** (受け入れる)

- embrace change (変化を受け入れる)
- Entrepreneurs embrace new ideas and approaches. (起業家は新しいアイデアとアプローチを受け入れる)

em (中に) + brace (腕) という語源から「腕で包み込む」となり、本来は「愛情や熱意を持って抱きしめる」という意味だが、新しいものや考え方、変化や多様性などを受け入れるという抽象的な意味で使われることが多い。

□□□ **appreciate** [əprí:ʃièit]

動 感謝する、正当に評価する

名 **appreciation** (感謝)　形 **appreciative** (感謝の)

- appreciate the true value (真価を理解する)
- I appreciate your timely suggestion. (私はあなたのタイミングの良い提案に感謝している)

ap (方向) + preci (価値) という構成の語で「ある方向にある価値を理解して感謝する」という意味がある。precious (貴重な) や priceless (非常に貴重な) と同語源。目的語に人をとることができず I appreciate you. ではなく I appreciate your support. となるので要注意。類義語には be grateful for... (～のことで感謝して) be thankful for... (～に感謝して) be indebted to... (～のおかげだ) などがある。

014

⑩

長文問題

⑪ 問題文

Topic11、12 ではリーディング・リスニングセクションから本番に頻出するテーマの長文から問題を掲載しています。

長文穴埋め問題

Question 1　何回解いた? □1回 □2回 □3回

解答目標タイム… 1分50秒

Migration and Displacement

The 2015 European migrant crisis refers to the unprecedented flux of migrants from the Middle East and Africa into the European continent. Many of these migrants were fleeing wars in Syria, Iraq, and Afghanistan, but others also made the difficult and treacherous journey in hopes of finding safe refuge from terrorism and persecution. This was the biggest migration of people into Europe since World War II, with a record 1.3 million people requesting asylum in that year alone.

Aside from the huge human cost of millions of vulnerable people crossing the Aegean Sea in filthy, cramped and unserviceable vessels, usually at the hands of profiteering, unscrupulous smugglers, the migrant crisis brought into question the way in which the EU and individual European states deal with the shared burden of (h　　　) assistance. Since many of the migrants were entering Europe through poorer EU Members like Greece and Turkey, divisions soon arose about the level of resources contributed by wealthier Members like Germany, which for many refugees was the desired final destination.

In the long term, migration has significant effects on domestic politics in receiving countries. Especially given the origin of most migrants during this wave, i.e. Muslim and non-Western, right wing populist parties took the opportunity to capitalise on increasing anti-immigrant sentiment and urged suspicion and intolerance of the refugees. Populist leaders like Viktor Orban of Hungary fared particularly well with his strong border policies, while more lenient ones like Angela Merkel of Germany faced increasing scrutiny and domestic dissent.

Topic 11 Reading 解いて身につく頻出単語

本書で用いられる記号表記

森田鉄也による解法の解説

嶋津幸樹による単語の解説

動	動詞	類	類義語・類義表現
名	名詞	反	反意語・反意表現
形	形容詞	米	アメリカ表記・発音
副	副詞		※本書はイギリス発音をベースにしています
前	前置詞		音声トラック番号 すべての問題に音声がついています

本書の効果的活用法

1「スコアを上げるための単語力」とは？

まずはスコアに直結する単語力をつけるためのポイントを押さえましょう。

2 実践トレーニング

① 時間を計って問題を解く

本書は本番レベルの問題を解きながら単語力をつける方法をとっています。その際やみくもに問題をこなすだけではいけません。本番の時間制限の中でいかに素早く正解を導き出せるかが重要で、どの問題も少しの緊張感をもって臨んでください。少し緊張していると、記憶に残りやすいからです。本書の問題には目標タイムが付いていますので、この記憶の性質を利用し、「目標時間以内に解く」という外圧をかけ速さを追求してみましょう。記憶効果が高まると同時に本番で要求されるスピードとリズム感も養えます。

② 解法を読む

問題文のどこに目をつければよいのか、どうしてその答えに結びつくのか、その道筋をそれぞれ確認してください。論理的に理解すると、断片的に覚えた知識が一つひとつ結びつき、太い知識のパイプになります。するとたとえばリーディングで覚えた知識をスピーキングの本番で活かせるようになってくるのです。

3 記憶定着トレーニング

①「何回解いた？」を利用する

問題それぞれに解いた回数を記録するチェック欄がありますので、一度ではなく、複数回ぜひ解きましょう。また重要語句や選択肢の見出し語にはチェック欄が付いていますので、自分が知らない語句、覚えていない単語をはっきり確認できるようにしていきましょう。覚えた単語にはチェックを入れて、最終的に本書が真っ黒になるまで繰り返し使い込んでください。そして本番直前には、覚えていない単語だけに集中してください。

② **点と点を結び付けると線になる**

記憶力を高めるものとして、カテゴリー化という作業があります。簡単にいえばグループに分類して記憶するということです。単語とその意味を覚えた後、つまり、単語という1つの点を作った後に「類義語・関連語・反意語・語形が違うもの・コロケーション」といった別の点とつながることによって、点が線になり、頭の中で英語の知識が体系化します。さらに本書では短文穴埋め問題の各TOPICの末に「単語ネットワーク」というページを設け、英語知識の体系化を促すしかけがあります。問題を解く中で身につけていく単語はもはや単なる知識ではなく、皆さんが夢を叶えるためのスキルになります。

4 音声を活用して覚えよう

耳で覚えることも重要です。

本書の音声は、スマートフォン（アプリ）やパソコンを通じてMP3形式の音声データをダウンロードして、ご利用いただくことができます。

音声には、すべての問題文（Question）の英語および選択肢の単語とその例文の英語が収録されています。

スマートフォン

1. ジャパンタイムズ出版の音声アプリ「OTO Navi」をインストール
2. OTO Naviで本書を検索
3. OTO Naviで音声をダウンロードして、再生

＊3秒早送り・早戻し、繰り返し再生など便利な機能つきです。

パソコン

1. ブラウザからジャパンタイムズ出版「BOOK CLUB」にアクセス。
   https://bookclub.japantimes.co.jp/book/b646189.html
2. 「ダウンロードボタン」をクリック
3. 音声をダウンロードし、iTunes等に取り込んで再生

＊音声はZipファイルを展開（解凍）してご利用ください。

短文穴埋め問題

Topic 1

General

解いて身につく頻出単語

1…20

Question
1

何回解いた？ □1回 □2回 □3回

解答目標タイム ››› 20秒

A library is a large building that (　　　　) a wide variety of books, which you can borrow and take away to read for a limited period of time.

A faces
B houses
C weathers

Answer 1 正解 B houses

A library is a large building that **houses** a wide variety of books, which you can borrow and take away to read for a limited period of time.

図書館とは様々な本が収められている大きな建物のことで、借りて持ち帰ることで一定期間読むことができる。

目的語の a wide variety of books（様々な本）をとる動詞で、相性がいいのは (B) の house（収容する）

選択肢の単語を全部覚えよう

□□□

face
[féis]

動 直面する、～の方向を向く 名 顔、表面
形 **facial**（顔の） 類 **confront**（直面する）

▸ face extraordinary challenges（並外れた課題に直面する）
▸ Japan will face severe economic stagnation.
（日本は厳しい景気停滞に直面するだろう）

動詞形の face は The house faces south.（その家は南向きである）のように地図を描写する時にも使う。他にも a new face（新人）lose face（面子を失う）two-faced（裏表がある）stand face to face（面と向かって立つ）keep a straight face（真顔でいる）face a problem（問題に直面する）Let's face it.（現実を受け入れよう）などよく使う。

□□□

house
動 [háuz] 名 [háus]

動 収容する、収める 名 家
類 **accommodate**（収容できる）

▸ house unwanted pets（引き取り手のいないペットを飼う）
▸ This rainforest houses millions of different organisms.
（この熱帯雨林には何百万もの異なる生物が生息している）

house には「避難所」という語源があり、人を建物の中に入れて泊めるという意味となり、そこから人以外にもモノや動物を収容するという意味でも使われるようになった。

□□□

weather
[wéðər]

動 困難を乗り越える 名 天気
類 **overcome**（克服する、乗り越える）

▸ weather a storm（暴風雨を乗り切る）
▸ You must weather many different obstacles in life.
（人生は様々な障害を乗り越えなければならない）

weather（天気）は wind（風）と同語源で動詞形は「嵐の中を船で切り抜けていくような」ニュアンスがある。ちなみに天候が悪い船での船酔いから生まれた I'm a bit under the weather. という表現は、日常生活には支障をきたすほどではない軽めの風邪のときに使う。

Question 2

何回解いた？ □1回 □2回 □3回

解答目標タイム ››› 20秒

Pilots and cabin attendants (   ) professional training and they should be trained and compensated appropriately.

A require
B embrace
C appreciate

□ compensate 動 埋め合わせをする
□ appropriately 副 適切に

Answer 2 正解 A require

Pilots and cabin attendants require professional training and they should be trained and compensated appropriately.

パイロットやキャビンアテンダントは専門的な訓練を必要とするので、適切な訓練と報酬を受けるべきである。

目的語の professional training をとる動詞を選ぶ問題で (A) の require (必要とする) が文意に合う

選択肢の単語を全部覚えよう

□□□

require
[rikwáiər]

動 必要とする

名 **requirement** (必要条件、必需品)
形 **requisite** (必須の)

▸ require absolute secrecy (絶対的な秘密を要求する)
▸ Attendance is required in this class. (このクラスでは出席が必須である)

re (強調) + quire (求める) から。need や necessary の代わりに無生物主語や受動態の形で使えるため IELTS ライティング必須の基本英単語である。同語源に question (質問) request (要求) inquiry (問い合わせ) などがある。

□□□

embrace
[embréis]

動 愛情や熱意を持って抱擁する、受け入れる 名 抱擁

類 **accept** (受け入れる)

▸ embrace change (変化を受け入れる)
▸ Entrepreneurs embrace new ideas and approaches.
(起業家は新しいアイデアとアプローチを受け入れる)

em (中に) + brace (腕) という語源から「腕で包み込む」となり、本来は「愛情や熱意を持って抱きしめる」という意味だが、新しいものや考え方、変化や多様性などを受け入れるという抽象的な意味で使われることが多い。

□□□

appreciate
[əpríːʃièit]

動 感謝する、正当に評価する

名 **appreciation** (感謝) 形 **appreciative** (感謝の)

▸ appreciate the true value (真価を理解する)
▸ I appreciate your timely suggestion.
(私はあなたのタイミングの良い提案に感謝している)

ap (方向) + preci (価値) という構成の語で「ある方向にある価値を理解して感謝する」という意味がある。precious (貴重な) や priceless (非常に貴重な) と同語源。目的語に人をとることができず I appreciate you. ではなく I appreciate your support. となるので要注意。類義語には be grateful for... (~のことで感謝して) be thankful for... (~に感謝して) be indebted to... (~のおかげだ) などがある。

Question 3

何回解いた？ □1回 □2回 □3回

解答目標タイム … 15秒

The Japanese concept of 'omotenashi' is often erroneously (　　　　) into English as 'hospitality'.

A translated
B transferred
C transported

□erroneously 副 誤って

Answer 3 正解 A **translated**

The Japanese concept of 'omotenashi' is often erroneously **translated** into English as 'hospitality'.
日本の「おもてなし」という概念は、しばしば「ホスピタリティ」と誤って英語に訳されることがある。

言語に関する文なので translate A into B (A を B に翻訳する) の受動態 (A) の translated が正解

選択肢の単語を全部覚えよう

□□□
translate
[trænsléit]

動 翻訳する
名 **translation** (翻訳) 名 **translator** (翻訳者)

▸ translate Japanese into English (日本語を英語に翻訳する)
▸ The book was originally written in Japanese and then translated into English. (この本はもともと日本語で書かれ、その後英語に翻訳された)

translate は「書いて翻訳する」、interpret は「話して通訳する」という違いがある。translator は「翻訳者」、interpreter は「通訳者」

□□□
transfer
[trænsfə́ːr]

動 乗り換える、移す、転勤させる
名 乗り換え、移動
形 **transferable** (移転可能な)

▸ transfer to the Green Line at the station (駅でグリーンラインに乗り換える)
▸ My father was transferred to the head office. (父は本社に転勤になった)

trans (横切る) + fer (運ぶ) という語源で、交通関係に加えて、転勤や転学などの文脈で使われる。ferry (フェリー) や offer (〜を提供する) が同語源。最近では多岐にわたって活躍できる transferable skills (移転可能な技能) が注目されている。

□□□
transport
[trǽnspɔːrt]

動 輸送する、運ぶ 名 輸送
類 **transportation** (輸送機関)

▸ improve the public transport system (公共交通機関を充実させる)
▸ Drivers need a special licence to transport live animals.
(運転手は生きた動物を輸送するのに特別な免許が必要である)

語源は trans (横切る) + port (運ぶ)。同語源の import (輸入) export (輸出) deport (国外追放する) teleport (瞬間移動する) もまとめて覚えておこう。ちなみにアメリカ英語で transport は主に動詞として使われ名詞の意味では transportation が用いられる。

Question

4

何回解いた？ □1回 □2回 □3回

解答目標タイム … 20秒

The modern sport of golf ( ) in 15th-century Scotland, where its widespread popularity even resulted in an official ban by King James II.

A marked
B considered
C originated

□ widespread 形 広まった
□ ban 動 禁止する

Answer 4 正解 C **originated**

The modern sport of golf **originated** in 15th-century Scotland, where its widespread popularity even resulted in an official ban by King James II.

現代のスポーツであるゴルフは 15 世紀のスコットランドで生まれ、その広まった人気によりジェームズ 2 世によって公式に禁止されたこともあった。

 空所には自動詞が入る。また文意から (C) originated が相応しい。

選択肢の単語を全部覚えよう

□□□

mark
[mɑ́:k]

動 示す、記念する 名 印、記号、得点

類 **point** (指し示す) **indicate** (示す)

▸ mark the 25th anniversary of the wedding (結婚 25 周年を記念する)
▸ Lexical resource accounts for 25% of the marks in your writing test. (語彙力がライティングの採点の 25% を占める)

 イギリスでは score よりも mark を使い、学校のテストで満点を取った時には I got full marks on the test. と表現できる。過去分詞形の marked (著しい) も There has been a marked increase in the number of participants. (参加者の数に顕著な増加があった) を発表語彙として使えるようにしよう。

□□□

consider
[kənsídər]

動 熟考する、見なす

形 **considerable** (相当の、ずいぶん多くの)
形 **considerate** (思いやりのある 〈+ **to**, **of**〉)
名 **consideration** (熟考、配慮)

▸ consider all the possible situations (考えうる全ての状況を熟考する)
▸ Before making a decision, it is important to consider all the options available. (決定を下す前に利用可能な全ての選択肢を検討することが重要だ)

 consider の語源は con (共に) + sider (星) で共に星を見て考える様子がイメージできる。think (思う) よりも深く考える時に使い、think over と同義。considerable は「星」から派生した形容詞で「ずいぶん多くの」という意味である。

□□□

originate
[ərídʒənèit]

動 起源とする

形 **original** (独創的な) 名 **original** (現物、本物)
名 **originality** (独創性) 副 **originally** (元々は、当初は)

▸ the movie originated from a best-selling novel (ベストセラー小説から生まれた映画)
▸ This breed of dog originates in northern Japan. (北日本原産の犬種である)

何回解いた？ □1回 □2回 □3回

解答目標タイム ••• 20秒

Being able to spend time alone and away from your significant other is a (　　　　) part of enjoying a healthy relationship.

A mandatory
B ambiguous
C collaborative

□ significant other　大切な人
□ healthy 形 健全な

Answer 5　正解　A　**mandatory**

Being able to spend time alone and away from your significant other is a **mandatory** part of enjoying a healthy relationship.
大切な人と離れて一人で過ごす時間は健全な関係を楽しむために必要不可欠なものだ。

part（要素）を修飾する形容詞を選ぶ問題で（A）の mandatory（必須の）が文意に合う

選択肢の単語を全部覚えよう

□□□
mandatory
[mǽndətri]

形 必須の、強制的な

類 **compulsory**（義務的な）　**obligatory**（義務的な）

▶ mandatory safety precautions（必須の安全対策）
▶ Extracurricular activities are mandatory at my school.
（私の学校では課外活動が必須である）

□□□
ambiguous
[æmbígjuəs]

形 曖昧な

名 **ambiguity**（曖昧さ）
副 **ambiguously**（ばくぜんと）

▶ receive an ambiguous reply（曖昧な返事を受け取る）
▶ The ambiguous speech was very difficult to interpret.
（その曖昧な演説は解釈するのが難しかった）

ambiguous（異なる2つ〔以上〕の意味にとれてしまうほど曖昧な）の類義語には unclear（白か黒かはっきりせず不確かな）vague（ぼんやりとしていて曖昧な）obscure（表現が不的確で曖昧な）などがある。

□□□
collaborative
[kəlǽbərèitiv]

形 協働の

名 **collaboration**（協働）
動 **collaborate**（協働する）

▶ make a collaborative effort（タッグを組む）
▶ Some higher education skills include collaborative writing and peer review.（高等教育のスキルには共同執筆やピアレビューなどがある）

語源は co（共に）+ labor（労働）で共に作業をするイメージがあり、collaborative work は「共同作業」となる。laboratory（実験室）や elaborate（手の込んだ）などが同語源である。

何回解いた？ □1回 □2回 □3回

解答目標タイム … 20秒

There is a reason why people become (　　　　　) — even at the cost of morality, they are successful in their particular goals.

A versatile
B infamous
C productive

□ morality 名 道徳規範、倫理観

Answer 6 正解 B **infamous**

There is a reason why people become **infamous** — even at the cost of morality, they are successful in their particular goals.
人が悪名高くなるには理由がある。道徳を犠牲にしてでも特定の目的のために成功するのである。

at the cost of ～は「～を犠牲にしてでも」という意味。よって morality（道徳）と反対の意味の語 (B)infamous が文意に合う

選択肢の単語を全部覚えよう

□□□

versatile
[vә́:rsәtail]

形 多才の、なんでもこなす、多目的な

名 **versatility**（多才、多用途性）

▸ a versatile musician who can play multiple instruments
（複数の楽器を演奏できる多才なミュージシャン）
▸ The Internet is a highly versatile resource for education.
（インターネットは教育にとって非常に汎用性の高いリソースである）

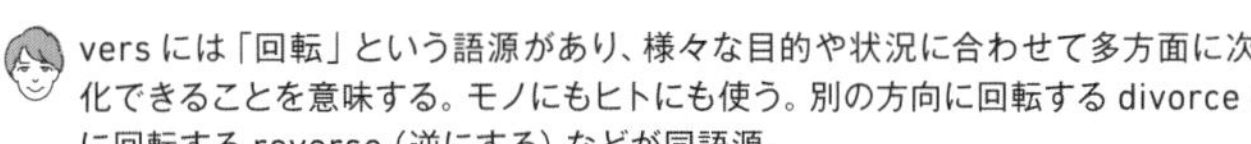
vers には「回転」という語源があり、様々な目的や状況に合わせて多方面に次から次へと変化できることを意味する。モノにもヒトにも使う。別の方向に回転する divorce（離婚）や後ろに回転する reverse（逆にする）などが同語源。

□□□

infamous
[ínfәmәs]

形 悪名高い

類 **famous**（有名な） 名 **fame**（名声）

▸ become infamous for the crime（その犯罪で悪名高くなる）
▸ My favourite storybook characters are the most infamous villains.
（私の好きな絵本のキャラクターは最も悪名高い悪役達である）

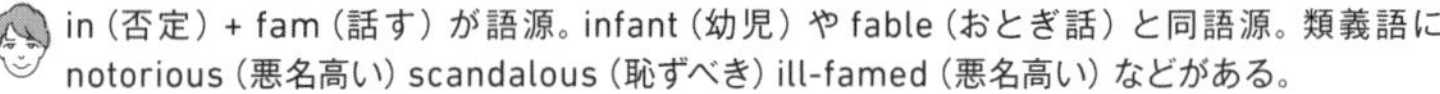
in（否定）+ fam（話す）が語源。infant（幼児）や fable（おとぎ話）と同語源。類義語に notorious（悪名高い）scandalous（恥ずべき）ill-famed（悪名高い）などがある。

□□□

productive
[prәdʌ́ktiv]

形 生産力のある、有意義な

名 **productivity**（生産性）

類 **prolific**（多産の、実りの多い） **fruitful**（実りの多い、有益な）

▸ have a productive meeting with colleagues（同僚と生産的な会議を行う）
▸ Expecting anyone to be productive all day is unrealistic.
（一日中生産的であることを誰かに期待するのは非現実的である）

produce（生産する）の語源は pro（前に）+ duce（導く）。ある product（商品）を人前に導き出すイメージ。その行為をする人が producer（生産者、プロデューサー）。またこの行為自体を production（生産）と呼ぶ。さらにこの行為を効率よく繰り返すことを productive（生産性が高い）と言う。

Question 7

何回解いた？ □1回 □2回 □3回

解答目標タイム ··· 20秒

Listening to music at high volumes can cause ( ) hearing loss, an issue to which many young people are failing to give due consideration.

A threatening
B exceptional
C irreversible

□ consideration 名 十分な配慮、熟慮

Answer 7 正解 C irreversible

Listening to music at high volumes can cause **irreversible** hearing loss, an issue to which many young people are failing to give due consideration.

大音量で音楽を聴くことは取り返しのつかない難聴を引き起こす可能性があり、多くの若者が十分な配慮を怠っている問題である。

hearing loss を修飾する形容詞を選ぶ問題で、(c) の irreversible（取り返しのつかない）が文意に合う

選択肢の単語を全部覚えよう

□□□

threatening [θrétəniŋ]

形 脅迫的な

名 **threat**（脅迫、脅し） 動 **threaten**（脅す）

- become increasingly threatening（ますます脅威になる）
- A threatening letter came in the mail.（脅迫状が郵便で届いた）

犯罪や恐喝など恐怖を引き起こす時に使われる表現だが、複合形容詞を使った life-threatening disease という表現は「命を脅かす病気」となり、健康に関する文脈でも用いることができる。

□□□

exceptional [eksépʃənəl]

形 例外的な、非常に優れた

名 **exception**（例外） 反 **unexceptional**（ふつうの）

- exceptional achievement（非常に優れた業績）
- Japan is known to be a country with exceptional service.（日本は素晴らしいサービスがある国として知られている）

ex（外に）+ cept（取る）という語源で、日本語では「例外的」というとネガティブなイメージに捉えられるが、英語で exceptional というと「優れた」という意味となり、have an exceptional ability（並外れた能力がある）のように使う。類義語の extraordinary（並外れた）や prodigious（驚くべき、素晴らしい）も覚えておこう。

□□□

irreversible [ìrivə́ːsəbl]

形 元に戻せない、取り消せない

名 **reverse**（逆行） 反 **reversible**（元に戻せる）

- have irreversible effects on the environment（環境に不可逆的な影響を与える）
- The damage to the painting was irreversible.（絵へのダメージは取り返しのつかないものであった）

ir（否定）+ re（再び）+ verse（回転）+ ible（可能）という構成の語。reverse（逆行）することが不可能なことを意味し、「元に戻せない、取り消せない」という意味になる。

Question 8

何回解いた？ □1回 □2回 □3回

解答目標タイム … 20秒

The point of being a friend is not to be conciliatory and (   ), but to tell the truth even when it might be difficult to hear.

A invisible
B obedient
C moderate

□ conciliatory 形 和解の、融和的な

Answer 8 正解 B **obedient**

The point of being a friend is not to be conciliatory and **obedient**, but to tell the truth even when it might be difficult to hear.
友人であることの重要性は融和的で従順であることではなく、たとえ聞きにくいことであっても真実を伝えることである。

conciliatory (融和的な) と and で並ぶ適切な単語は (B) obedient

選択肢の単語を全部覚えよう

□□□
invisible
[invízəbl]
形 目に見えない
反 **visible** (目に見える)

- invisible to the naked eye (肉眼では見えない)
- Modern submarines are designed to be invisible to radars. (現代の潜水艦はレーダーに映らないように設計されている)

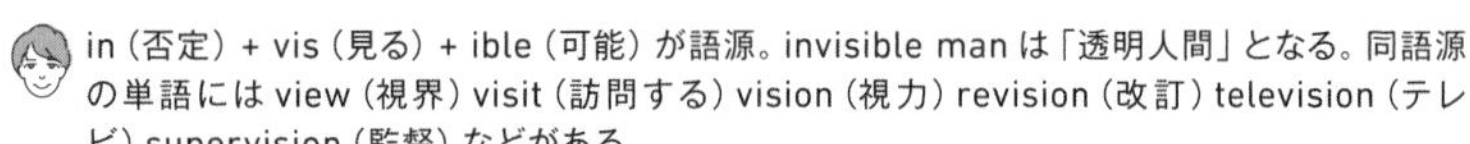
in (否定) + vis (見る) + ible (可能) が語源。invisible man は「透明人間」となる。同語源の単語には view (視界) visit (訪問する) vision (視力) revision (改訂) television (テレビ) supervision (監督) などがある。

□□□
obedient
[oubí:diənt]
形 従順な、素直な
動 **obey** (従う) 名 **obedience** (従順)

- an obedient and charming student (素直で魅力的な生徒)
- The student was obedient and always did what his teachers told him to do. (その生徒は従順で先生の言うことにいつも従った)

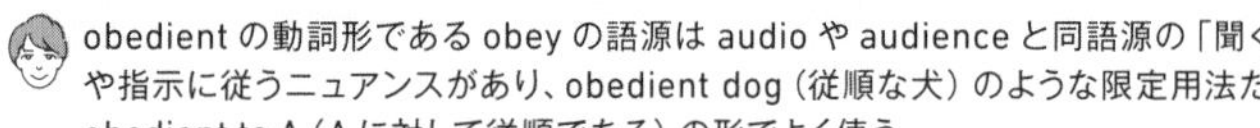
obedient の動詞形である obey の語源は audio や audience と同語源の「聞く」。人の命令や指示に従うニュアンスがあり、obedient dog (従順な犬) のような限定用法だけでなく、be obedient to A (A に対して従順である) の形でよく使う。

□□□
moderate
[mάdərət]
形 穏やかな、適度な 動 節制する
副 **moderately** (適度に) 名 **moderation** (節制)

- take a moderate approach to the problem (問題に対して適度なアプローチをとる)
- The doctor recommended moderate exercise to reduce the risk of chronic diseases. (医師は慢性疾患のリスクを減らすために適度な運動を勧めた)

moderate には尺度に合わせて調整されて丁度良いという意味がある。mode には「型」という語源があり、mode (様式) model (模型) と同語源。moderate は動詞でも使われ、肥満になると医者から moderate your intake of sugar や moderate your drinking と助言をもらう。

Question 9

何回解いた？ □1回 □2回 □3回

解答目標タイム … 15秒

His ( ) love for her was brutally cut short by her father's decision to move the family abroad.

A missing
B burgeoning
C demanding

□ brutally 副 容赦なく、残酷なまでに

Answer
9 正解 B **burgeoning**

His **burgeoning** love for her was brutally cut short by her father's decision to move the family abroad.
彼女の父親の海外転勤が決まり、彼の燃え上がる恋心は残酷にも途絶えてしまった。

love（恋心）を修飾する形容詞を選ぶ問題で、愛に芽が出ていると解釈できる(B)のburgeoning（急成長の）が文意に合う

選択肢の単語を全部覚えよう

□□□
missing
[mísiŋ]
形 行方不明の、あるべき所にいない
動 **miss**（逃す、寂しく思う）

- look for a missing dog（行方不明の犬を捜す）
- The teacher is missing from the class graduation photo.（クラスの卒業写真から先生が抜けている）

動詞形のmissは「逃す」という意味で、それがingで進行中であるため「行方不明の」となる。wanted（指名手配の）とセットで覚えておこう。

□□□
burgeoning
[bə́ːdʒəniŋ]
形 急成長の
動 **burgeon**（急成長する）

- burgeoning population of the country（その国の急増中の人口）
- There is a burgeoning microbrewery scene in my hometown.（私の地元では地ビール醸造が急成長している）

動詞形のburgeonは「（急速に）発展する、成長する」という意味があり、名詞形では「芽」という意味がある。類義語にthriving（繁栄している）flourishing（盛況な）booming（急成長の）などがある。

□□□
demanding
[dimáːndiŋ]
形 過酷な、要求が多く大変な
動 **demand**（要求する）

- quit a demanding and stressful job（大変でストレスが多い仕事をやめる）
- Doctors have one of the most demanding jobs.（医師は最も過酷な仕事の一つである）

demandingは時間や努力、エネルギーが必要となり「過酷な」という意味で、仕事の内容や労働環境を修飾する。physically demandingやtechnically demandingなど副詞と共に使われることが多い。

何回解いた？ □1回 □2回 □3回

解答目標タイム ⋯ 20秒

A high usage level can (   ) any existing software issues, so it may be best to buy a whole new computer altogether.

A experiment
B exacerbate
C exaggerate

□ usage 名 使用（法）
□ issue 名 課題、問題

Answer **10** 正解 B **exacerbate**

A high usage level can **exacerbate** any existing software issues, so it may be best to buy a whole new computer altogether.
使用頻度が高いと、既存のソフトウェアの問題を悪化させる可能性があるため、まったく新しいコンピュータを購入することが最善な場合がある。

主語に high usage(使用率が高い)、目的語に issues(問題)を取って意味が成り立つのは(B)の exacerbate(悪化させる)

選択肢の単語を全部覚えよう

□□□
experiment
[ikspérəmènt]

動 実験する 名 実験
形 **experimental**(実験的な) 類 **test**(試す)

- conduct an experiment on animals(動物実験を行う)
- Television producers these days are churning out social experiment shows.(最近のテレビプロデューサーは社会実験番組を大量生産している)

experi には「試みる(try)」という語源があり、expert(専門家)や experience(経験)と同語源。trial and error(試行錯誤)も覚えておこう。

□□□
exacerbate
[igzǽsərbèit]

動 悪化させる
名 **exacerbation**(悪化)

- exacerbate climate change(気候変動を悪化させる)
- The patient's condition was exacerbated by lack of sleep.(患者の状態は睡眠不足によって悪化した)

exacerbate はある問題や悪い状況、病気の症状などを悪化させる時に使い、A has been exacerbated by B.(B によって A が悪化している)の形でもよく使う。類義語に worsen(悪化させる)や amplify(増大させる)がある。

□□□
exaggerate
[igzǽdʒərèit]

動 誇張する
名 **exaggeration**(誇張) 類 **inflate**(膨張させる)

- exaggerate for comedic effect(コメディー効果のために誇張する)
- Children exaggerate the symptoms of minor illnesses to get out of school.(子ども達は学校を休むために軽い病気の症状を大げさに言う)

exaggerate は何かを大きく見せたり、良いこと・悪いことを誇張する時に使う。IELTS ライティングで使える exaggerate the importance of A(A の重要性を誇張する)も覚えておきたい。

単語ネットワーク

Topic 1

General

このトピックで重要な単語をまとめています。こちらもチェックしましょう。

- □□□

marry
[mǽri]

動 結婚する
marry a classmate from university
大学の同級生と結婚する

- □□□

accept
[əksépt]

動 受け入れる
accept changes in life
人生における変化を受け入れる

- □□□

reside
[rizáid]

動 居住する
reside in a foreign country
外国に居住する

- □□□

desire
[dizáiər]

名 願望
fulfil a **desire**
願望を満たす

- □□□

adopt
[ədɔ́pt]

動 取り入れる
adopt a new approach
新しいアプローチを取り入れる

- □□□

queue
[kjúː]

名 列
stand patiently in a **queue**
忍耐強く列に並ぶ

- □□□

promise
[prɔ́mis]

名 約束
make a vague **promise**
曖昧な約束をする

- □□□

beat
[bíːt]

動 叩く
beat the ultimate odds
究極の逆境に打ち勝つ

- □□□

agree
[əgríː]

動 同意する
agree on the plan
その計画に同意する

- □□□

crowd
[kráud]

名 群衆
stare at a large **crowd** in the park
公園にいる大群衆を見つめる

□□□
secret
[síːkrət]
名 秘密
keep a guilty **secret**
罪深い秘密を守る

□□□
promote
[prəmóut]
動 促進する
promote cultural values
文化的価値を促進する

□□□
invitation
[ìnvitéiʃən]
名 招待
accept a formal **invitation**
正式な招待に応じる

□□□
selection
[səlékʃən]
名 選択
make a random **selection**
無作為選択する

□□□
greeting
[gríːtiŋ]
名 挨拶
exchange a formal **greeting**
形式的な挨拶を交わす

□□□
abstract
[ǽbstrækt]
形 抽象的な
express an **abstract** concept
抽象的な概念を表現する

□□□
patience
[péiʃəns]
名 忍耐
require time and **patience**
時間と忍耐を必要とする

□□□
struggle
[strʌ́gl]
動 奮闘する
struggle with childcare
育児に奮闘する

□□□
address
[ǽdres]
動 対処する
address the issue immediately
直ちに問題に対処する

□□□
confidence
[kɔ́nfidəns]
名 自信
make an effort to gain **confidence**
自信を得るために努力する

description
[diskrípʃən]

名 **描写**
give a detailed **description**
詳細な描写をする

flexible
[fléksəbl]

形 **柔軟な**
have a **flexible** schedule
柔軟なスケジュールが組まれている

sensible
[sénsibəl]

形 **分別のある**
make a **sensible** decision
分別のある決断をする

remove
[rimúːv]

動 **取り除く**
remove old stains
古いしみを取り除く

neutral
[njúːtrəl]

形 **中立の**
take a **neutral** stance
中立の立場をとる

relevant
[réləvənt]

形 **関係のある**
ask a **relevant** question
関係性のある質問をする

suggestion
[səgdʒéstʃən]

名 **提案**
accept a helpful **suggestion**
役立つ提案を受け入れる

suspend
[səspénd]

動 **吊るす**
suspend from the ceiling
天井から吊るす

reputation
[rèpjətéiʃən]

名 **名声**
maintain a worldwide **reputation**
世界的名声を維持する

sympathy
[símpəθi]

名 **同情**
express deep **sympathy**
深い同情を表す

□□□
enhance
[enhǽns]
動 高める
enhance the quality of education
教育の質を高める

□□□
temptation
[temptéiʃən]
名 誘惑
resist the **temptation** to buy new clothes
新しい服を買う誘惑に耐える

□□□
stability
[stəbíləti]
名 安定
maintain emotional **stability**
精神的な安定を維持する

□□□
decent
[dí:sənt]
形 上品な
act in a **decent** manner
上品な振る舞いで行動する

□□□
satisfaction
[sætisfǽkʃən]
名 満足
give a sense of **satisfaction**
満足感を与える

□□□
ascertain
[æsərtéin]
動 確かめる
ascertain the worth of the jewellery
宝石の価値を確かめる

□□□
ultimate
[ʌ́ltəmət]
形 究極の
provide the **ultimate** solution
究極の解決法を与える

□□□
mediate
[mí:dièit]
動 調停する
mediate between two sides
両サイドの調停をする

□□□
qualification
[kwɔ̀lifikéiʃən]
名 資格
hold a formal **qualification**
正式な資格がある

□□□
mundane
[mʌ́ndein]
形 日常の
complete a **mundane** task
日課をこなす

短文穴埋め問題

Topic 2

Nature

解いて身につく頻出単語

21…40

何回解いた？ □1回 □2回 □3回

Question 1

解答目標タイム … 15秒

It is our duty as stewards of the Earth to develop and use more (   ) forms of energy.

A considerable
B sustainable
C measurable

□ steward 名 管理人、執事

Answer 1　正解 B **sustainable**

It is our duty as stewards of the Earth to develop and use more **sustainable** forms of energy.
より持続可能なエネルギーの形を開発し利用することは、地球の管理人としての私達の義務である。

forms of energy（エネルギーの形）を修飾する形容詞を選ぶ問題で、これと相性がいいのは(B)の sustainable（持続可能な）

選択肢の単語を全部覚えよう

□□□
considerable [kənsídərəbl]
形 相当の、ずいぶん多くの
動 **consider**（熟考する）　副 **considerably**（かなり）

- considerable amount of money（大金）
- Hazardous materials spills can cause considerable damage to the environment.（有害物質の流出は環境に多大な損害を与える可能性がある）

considerable の sider には「星（star）」という語源があり、星の数が多いことから「数や量がたくさんある」と連想できる。他にも desire（願望）constellation（星座）astronomy（天文学）などが同語源である。

□□□
sustainable [səstéinəbl]
形 持続可能な
名 **sustainability**（持続可能性）　動 **sustain**（維持する）
反 **unsustainable**（持続可能でない）

- develop a sustainable product（持続可能な製品を開発する）
- Plastic water bottles are not sustainable.（プラスチック製の水筒は持続可能ではない）

語源の sus（下に）＋ tain（保つ）＋ able（可能）から下から支えて維持するイメージ。SDGs: Sustainable Development Goals は「持続可能な開発目標」の略称。

□□□
measurable [méʒərəbl]
形 測定できる
名 **measure**（方策、程度、判断基準）
名 **measurement**（測定）　動 **measure**（測定する）

- make measurable progress（ある程度の進歩をする）
- We need to set measurable goals to achieve environmental sustainability.（環境の持続可能性を実現するために、測定可能な目標を設定する必要がある）

measurable には「あるものを測定できる」という意味のほか「気づかれるほどの大きさがある」というニュアンスがあり、「適度の」「無視できない」という意味にもなる。

Question
2

何回解いた？ □1回 □2回 □3回

解答目標タイム … 20秒

English words (   ) from Latin can be easier to decipher for those who have a basic grasp of roots, prefixes and suffixes.

A derived
B colonised
C preserved

□ decipher 動 読み解く、解読する
□ grasp 名 理解

Answer 2 正解 A derived

English words **derived** from Latin can be easier to decipher for those who have a basic grasp of roots, prefixes and suffixes.
ラテン語から派生した英語の単語は語根、接頭辞、接尾辞を基本的に理解している人にとってはより簡単に解読できる。

空所の後ろの from と相性がいいのは derive（由来する）なので（A）が正解

選択肢の単語を全部覚えよう

□□□
derive
[diráiv]
動 由来する、引き出す、得る
名 **derivation**（由来） 名 **derivative**（派生物、派生語）
形 **derivative**（派生的な）

- water derived from the river（河川に由来する水）
- Modern man derives from *homo erectus*.（現代人はホモ・エレクトスから派生した）

de（下に）+ rive（川）という語源で水源から派生していくイメージで、同語源に川の岸に着くことから arrive（到着する）や川を求めて競う相手を意味する rival（ライバル）がある。類義語の originate（起源とする）trace（起源・跡をたどる）spring from（～から生じる）も覚えておきたい。

□□□
colonise
[kɔ́lənàiz]
動 植民地化する、入植する
名 **colony**（植民地） 名 **colonisation**（植民地化）
形 **colonial**（植民地の）

- colonise the island（島を植民地化する）
- The English colonised North America in the 17th century.
（イギリス人は17世紀に北アメリカを植民地化した）

colonise には「耕す」という語源があり、culture（文化）や agriculture（農業）と同語源。ちなみに decolonise は「独立を認める」という意味で become independent にパラフレーズできる。

□□□
preserve
[prizə́:v]
動 保存する、貯蔵する
形 **preserved**（温存された）

- preserve the ancient ruins（古代遺跡を保存する）
- The scientist used special chemicals to preserve the fragile fossils.（科学者は壊れやすい化石を保存するために特別な化学物質を使用した）

pre（前に）+ serve（保つ）が語源。未来に備えて保っておくというイメージから「遺跡や食物を保存する」や「破壊や消滅から守る」という意味になる。

Question
3

何回解いた？ □1回 □2回 □3回

解答目標タイム ››› 20秒

Traditional crop farming (   ) the lifespan of arable land, drastically reducing an essential resource for future food production.

A excavates
B extricates
C exhausts

□ crop 名 作物、農作物
□ arable 形 耕作に適した

Answer 3 正解 C **exhausts**

Traditional crop farming **exhausts** the lifespan of arable land, drastically reducing an essential resource for future food production.
従来の作物栽培は耕作地の寿命を縮め、将来の食糧生産に不可欠な資源を激減させている。

the lifespan of arable land（耕作地の寿命）を目的語にとる動詞を選ぶ問題。これと相性がいいのは (C) exhaust（使い切る）

選択肢の単語を全部覚えよう

□□□
excavate
[ékskəvèit]
動 発掘する
名 **excavation**（発掘）

- excavate the ruins（遺跡を発掘する）
- Archaeologists excavated a prehistoric site.
（考古学者は有史以前の遺跡を発掘した）

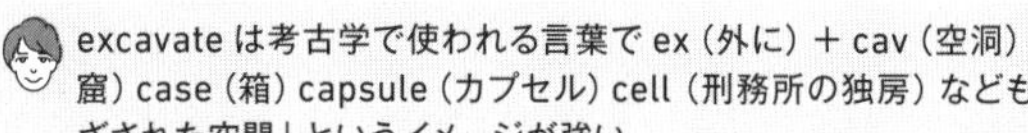
excavate は考古学で使われる言葉で ex（外に）＋ cav（空洞）が語源。cage（籠）cave（洞窟）case（箱）capsule（カプセル）cell（刑務所の独房）なども同語源である。共通して「閉ざされた空間」というイメージが強い。

□□□
extricate
[ékstrikèit]
動 困難な状況から救い出す、脱出させる
名 **extrication**（救出、脱出）

- extricate the hostage（人質を救い出す）
- It can be dangerous to extricate wild animals without a professional.
（専門家がいないのに野生動物を救出するのは危険だ）

extricate は苦境から抜け出すイメージで extract に近いニュアンスがあり、get out of にパラフレーズできる。類義語の rescue は緊急性の高い危険な場所などから救う、save は「救助」というより「危険な目に遭わないようにする」というニュアンスが強い。

□□□
exhaust
[igzɔ́ːst]
動 なくなるまで使い切る、疲れ果てさせる
名 **exhaustion**（極度の疲労）
形 **exhaustive**（徹底的な）

- exhaust the air supply（給気口より排出する）
- The marathon runner was exhausted after running 42.195km.
（42.195km を走ったマラソンランナーは疲れ果てていた）

「最後まで使い切る」というニュアンスがあり、資源（resources）や食糧（food supply）、金（money）を目的語にとることが多い。「疲れ果てた」という意味の exhausted は worn out にパラフレーズできる。

Question 4

何回解いた？ □1回 □2回 □3回

解答目標タイム ••• 20秒

Many animal and plant species which exist today will be ( ) within a decade, and there is nothing that can be done to stop this.

A extinct
B docile
C nocturnal

Answer 4 正解 A extinct

Many animal and plant species which exist today will be **extinct** within a decade, and there is nothing that can be done to stop this.
現存する多くの動物や植物が 10 年以内に絶滅すると言われており、これを止めることはできない。

exist today（現存する）と対比的な意味になる (A) extinct（絶滅した）が正解

選択肢の単語を全部覚えよう

□□□
extinct
[ikstíŋkt]

形 絶滅した、消滅した
動 **extinguish**（消す） 名 **extinction**（絶滅）

- learn about extinct species（絶滅種について学ぶ）
- Fossils can teach us about extinct animals.
（化石は絶滅した動物について教えてくれる）

名詞形 extinction はこの地球上から完全にいなくなったことを示唆する強い言葉で、Some animals are in danger of extinction.（絶滅の危機にある動物もいる）や Pandas are on the verge of extinction.（パンダは絶滅寸前である）のように表現できる。

□□□
docile
[də́usail]

形 おとなしい、素直な
類 **obedient**（従順な）

- praise the docile student（おとなしい学生をほめる）
- The capybara is one of the most docile animals.
（カピバラは最も従順な動物の 1 種である）

doc は「教える」という語源で「教え込みやすい」の意味で使われる。doctor（医者）や doctrine（教義）も同語源。人間だけでなく動物にも docile horse（調教しやすい馬）のように使う。

□□□
nocturnal
[nɔktə́ːnəl]

形 夜行性の
副 **nocturnally**（夜間に） 反 **diurnal**（昼行性の）

- nocturnal animals native to Japan（日本固有の夜行性動物）
- Owls are nocturnal birds.（フクロウは夜行性の鳥である）

nocturnal（夜行性の）の動物は bat（コウモリ）や hedgehog（ハリネズミ）が代表的。noc の語源は「夜」で、昼と夜の長さが等しくなる equinox（春分、秋分）、フランス語で夜を意味する nocturne（英語では「夜想曲」という意味）などが同語源である。

Question 5

何回解いた？ □1回 □2回 □3回

解答目標タイム ••• 20秒

Winters in the Northern Hemisphere can be dark and (　　　　), so I prefer to escape to more temperate climates.

A seismic
B gloomy
C geothermal

□hemisphere 名 半球
□temperate 形 温暖な、温和な

Answer 5　正解 B **gloomy**

Winters in the Northern Hemisphere can be dark and **gloomy**, so I prefer to escape to more temperate climates.

北半球の冬は暗くてどんよりしているので、私は温暖な気候のところに逃げ込むのが好きだ。

空所に入る形容詞は dark と and で並列されているので暗くネガティブな意味の (B) の gloomy が正解

選択肢の単語を全部覚えよう

□□□

seismic
[sáizmik]

形 地震の

名 **seismology** (地震学)

- withstand seismic activity (地震の活動に耐える)
- People are told to evacuate from the seismic centre.
(人々は震源地から避難するように伝えられた)

seismic は地面が揺れ動く地震 (earthquake) に関連した形容詞で、epicentre (震源) や volcano (火山)、magnitude (マグニチュード) と共に覚えよう。

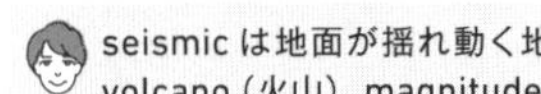

□□□

gloomy
[glú:mi]

形 どんよりした、憂鬱な、薄暗い

名 **gloom** (暗闇)

- gloomy sky and heavy clouds (薄暗い空とどんよりした雲)
- Gloomy weather makes me sleepy. (どんよりした天気は眠くなる)

gloomy は不快な雰囲気を醸し出す希望が持てない状態で、周りの環境が薄暗く憂鬱な状況を描写する形容詞。天気だけでなく gloomy mood (憂鬱な気分) や gloomy news (暗いニュース) などにも使う。類義語に dreary (憂鬱な、わびしい) や dim (薄暗い) がある。

□□□

geothermal
[dʒì:ouθə́:məl]

形 地熱の

副 **geothermally** (地熱で)

- visit a geothermal power station (地熱発電所を訪問する)
- Geothermal energy is considered non-polluting.
(地熱エネルギーは無公害とされている)

geo (地球) + therm (熱) という語源で、接頭辞 geo は geography (地理学) や geology (地質学) と同語源、therm (熱) は thermometer 「温度計」と同語源である。

Question 6

何回解いた？ □1回 □2回 □3回

解答目標タイム … 20秒

Every year, representatives from big industrial states and major corporations meet to discuss their commitments to (　　　　) climate change.

A inhabit
B hibernate
C mitigate

□representative 名 代表者、代議員
□commitment 名（破れない）約束

Answer 6 正解 C mitigate

Every year, representatives from big industrial states and major corporations meet to discuss their commitments to **mitigate** climate change.
毎年、先進主要国や大企業の代表者が集まり、気候変動緩和のための約束事について話し合う。

climate change（気候変動）を目的語にとる動詞を選ぶ問題で、これと相性がいいのは（C）の mitigate（緩和する）

選択肢の単語を全部覚えよう

□□□
inhabit
[inhǽbət]
動（動物の群れや民族が）住む、生息する
名 **inhabitant**（住民） 名 **habitation**（居住）

- inhabit an island（島に住む）
- All living things inhabit the earth.（全ての生き物が地球には生息している）

in（中に）＋ habit（住む）が語源。live や dwell と同じような意味で使われることもあり、派生語の inhabitant（住民）を用いた the inhabitant of the city は city dweller にパラフレーズできる。

□□□
hibernate
[háibərnèit]
動 冬眠する
名 **hibernation**（冬眠）

- hibernate in cocoons（まゆで冬眠する）
- Bears hibernate to conserve energy.（クマはエネルギーを節約するために冬眠をする）

hibernate の名詞形を用いて go into hibernation（冬眠する）と表現できる。ちなみに Ireland（アイルランド）のラテン語名は Hibernia で hibernate と同語源である。

□□□
mitigate
[mítigèit]
動 緩和する、軽減する
名 **mitigation**（緩和） 類 **reduce**（減らす）

- mitigate potential problems（潜在的な問題を軽減する）
- There is a race against time to mitigate climate change.
（気候変動を緩和するためには時間との戦いがある）

mitigate はネガティブな効果やリスクを抑えて軽減するという意味がある。reduce よりも高度な表現。IELTS ライティング Task2 では課題解決型エッセイが出題され、While various factors have a negative impact on A, there are ways to mitigate potential problems. のように mitigate potential problems を使うテンプレートがある。

Question
7

何回解いた？ □1回 □2回 □3回

解答目標タイム ··· 25秒

Artificial intelligence has helped large commercial farms, but poor rural communities struggling with inconsistent ( ) do not have access to the same technology.

A instinct
B harvests
C immigration

□struggle 動 奮闘する
□inconsistent 形 安定しない、一貫性のない

Answer 7 | 正解 B | **harvests**

Artificial intelligence has helped large commercial farms, but poor rural communities struggling with inconsistent **harvests** do not have access to the same technology.

人工知能は大規模な商業農場を助けてきたが、収穫が安定しないことに悩む貧しい農村では同じ技術を利用することはできない。

貧しい農村が苦労しており、inconsistent（安定しない）とも相性のいい (B) の harvest（収穫）が正解

選択肢の単語を全部覚えよう

□□□

instinct
[ínstiŋkt]

名 本能

形 **instinctive**（本能的な）

- have an instinct to hunt for food（食物を獲得する本能がある）
- The bird's instinct to build a nest and care for its young is innate.（巣を作り、雛の世話をするという鳥の本能は生来のものである）

動物の instinct（本能）には獲物を狩ったり巣を作ったりするなどの行為があり、instinct は innate behaviour（生まれつきの行動）にパラフレーズできる。

□□□

harvest
[há:vist]

名 収穫、収穫高　動 収穫する、採取する

- harvest a crop（作物を収穫する）
- Recent years have seen historically poor harvests.（近年は歴史的な不作が続いている）

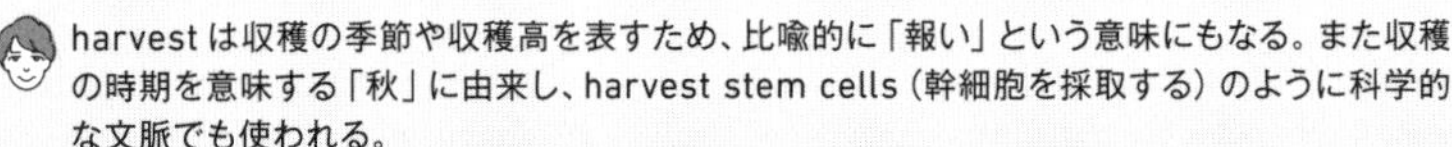

harvest は収穫の季節や収穫高を表すため、比喩的に「報い」という意味にもなる。また収穫の時期を意味する「秋」に由来し、harvest stem cells（幹細胞を採取する）のように科学的な文脈でも使われる。

□□□

immigration
[ìməgréiʃən]

名 移住、移民

動 **immigrate**（移住する）　名 **immigrant**（移民）

- implement a new immigration policy（新しい移民政策を施行する）
- Immigration policy is the government's focus this year.（移民政策は今年の政府の焦点である）

immigrate は「他国から他の国へ移住する」であるが、類義語の emigrate は「自国から他の国に移住する」となり、移住先の国から見て使うのが immigrant、移住元の国から見て使うのが emigrant となる。

何回解いた？ □1回 □2回 □3回

解答目標タイム ･･･ 20秒

The treatment of ( ) animals, especially in the livestock farming industry, has long been criticised by environmental activist groups.

A thoroughbred
B industrialised
C domesticated

□treatment 名 いつもの（決まった）扱い、取り扱い
□livestock 名 家畜

Answer 8　正解 C　domesticated

The treatment of **domesticated** animals, especially in the livestock farming industry, has long been criticised by environmental activist groups.
特に畜産業における家畜の扱いは以前から環境活動家団体から批判されてきた。

空所の後ろの単語 animals と相性がいいのは (C) の domesticated (家畜化された)

選択肢の単語を全部覚えよう

□□□
thoroughbred
[θə́:roubrèd]
形 サラブレッド種の、純血種の
名 サラブレッド、純血種の動物

▸ race a thoroughbred horse (サラブレッド種の競走馬)
▸ My wife is really a thoroughbred in competitive diving.
(私の妻はまさに競技ダイビングのサラブレッドである)

thoroughbred は thorough (徹底的な) と breed (育てる) の過去分詞形である bred との複合語で「徹底的に育てられた」=「サラブレッドの」という意味になった。「生まれ育ちが良い人」のことを thoroughbred と表現することがある。

□□□
industrialised
[indʌ́striəlàizd]
形 工業化した、産業化した
名 **industry** (産業、勤勉)
動 **industrialise** (工業化させる)

▸ become industrialised over the past few years (ここ数年で工業化された)
▸ The industrialised fishing industry has led to overfishing.
(産業化された漁業は乱獲につながっている)

industry (工業、産業) の動詞形 industrialise の過去分詞形で形容詞として使われる。IELTS スピーキングで地元の発展を描写するときに使える表現。

□□□
domesticated
[dəméstikeitid]
形 飼い慣らされた、栽培された
類 **tame** (動物などが飼い慣らされた)

▸ domesticated farm animals (家畜)
▸ Sheep were first domesticated by humans about 11,000 years ago.
(羊は約 11,000 年前に初めて人間によって家畜化された)

dom には「家」という語源があり、dome (ドーム) や dormitory (寮) kingdom (王国) domain (領土) dominate (~を支配する) が同語源である。

Question
9

何回解いた？ □1回 □2回 □3回

解答目標タイム … 20秒

We are living in unprecedented times of ( ), with wildfires raging across people's homes and destroying livelihoods at the same time as rising sea levels flood entire cities.

A contamination
B catastrophe
C civilisation

□unprecedented 形 かつてない、前例のない
□rage 動 猛威を振るう

Answer **9** 正解 B **catastrophe**

We are living in unprecedented times of **catastrophe**, with wildfires raging across people's homes and destroying livelihoods at the same time as rising sea levels flood entire cities.
私達は山火事が人々の家を焼き払い生活を破壊し尽くすと同時に、海面上昇によって街全体が水没するという、かつてない大災害の時代に生きている。

wildfire（山火事）や rising sea levels（海面上昇）という表現が挙げられているので (B) の catastrophe（大災害）が文意に合う

選択肢の単語を全部覚えよう

□□□
contamination
[kəntæ̀mənéiʃən]
名 汚染
類 **dirty**（形 汚い） **polluted**（形 汚染された）

- water contamination in the river（川の水質汚染）
- Chemicals used for farming cause contamination of groundwater.
（農業に使用される化学薬品は地下水を汚染する原因となる）

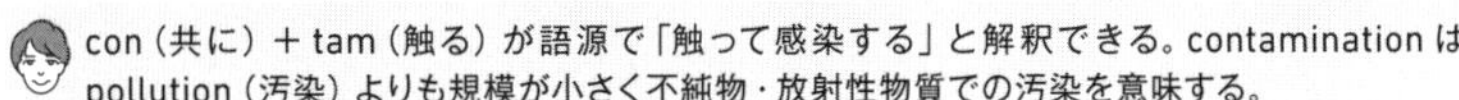
con（共に）+ tam（触る）が語源で「触って感染する」と解釈できる。contamination は pollution（汚染）よりも規模が小さく不純物・放射性物質での汚染を意味する。

□□□
catastrophe
[kətǽstrəfi]
名 大災害、（突然の）大惨事、大失敗
形 **catastrophic**（大惨事の、破壊的な）

- prevent a global catastrophe（世界規模の大災害を防ぐ）
- The climate crisis is a man-made catastrophe.
（気候危機は人間が作り出した大災害である）

calamity は disaster（災害）よりも規模が大きい「災難、惨禍」を表す。

□□□
civilisation
[sìvəlaizéiʃən]
名 文明 米 **civilization**
動 **civilise**（文明化する）

- disrupt a flourishing civilisation（繁栄している文明を崩壊させる）
- Egyptian civilisations started around 5,000 years ago.
（エジプト文明は5000年前に始まった）

civilisation（文明）は人間が文化的・科学的に発達した状態を指し、アメリカ英語では civilization となる。ラテン語の civis に由来し、city（都市）citizen（市民）citizenship（市民権）と同語源。

何回解いた？ □1回 □2回 □3回

解答目標タイム ⋯ 20秒

Unexpected flooding from increasing levels of rainfall causes widespread ( ), particularly in poorer countries in the global south.

A devastation
B observation
C conservation

□ unexpected 形 予期せぬ

Answer 10 正解 A **devastation**

Unexpected flooding from increasing levels of rainfall causes widespread **devastation**, particularly in poorer countries in the global south.

降雨量の増加による予期せぬ洪水は、特に南半球の貧しい国々で広範囲な被害をもたらしている。

 Unexpected flooding（予期せぬ洪水）が引き起こすものは「破壊」を意味する(A) devastation

選択肢の単語を全部覚えよう

□□□

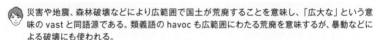

devastation
[dèvəstéiʃən]

名 破壊、（国土を）荒らすこと、荒廃

動 **devastate**（壊滅させる、大きな打撃を与える）

- devastation caused by a hurricane（ハリケーンによる被害）
- The devastation of the Amazon rainforest is irreversible.
（アマゾンの熱帯雨林の荒廃は取り返しがつかない）

災害や地震、森林破壊などにより広範囲で国土が荒廃することを意味し、「広大な」という意味の vast と同語源である。類義語の havoc も広範囲にわたる荒廃を意味するが、暴動などによる破壊にも使われる。

□□□

observation
[ɔ̀bzəvéiʃən]

名 観察、観察結果、意見

類 **surveillance**（監視、監督） 名 **observer**（観察者）

- learn by observation（観察することで学ぶ）
- The patient is under careful observation in the hospital.
（患者は病院で注意深く観察されている）

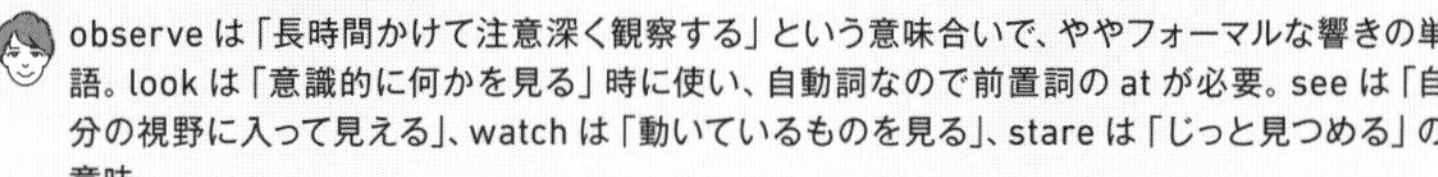

observe は「長時間かけて注意深く観察する」という意味合いで、ややフォーマルな響きの単語。look は「意識的に何かを見る」時に使い、自動詞なので前置詞の at が必要。see は「自分の視野に入って見える」、watch は「動いているものを見る」、stare は「じっと見つめる」の意味。

□□□

conservation
[kɑ̀nsərvéiʃən]

名 保護、保存

動 **conserve**（保護する）

形 **conservative**（保守的な）

- promote animal conservation（動物保護を促進する）
- Giant panda conservation efforts have paid off.
（ジャイアントパンダの保護活動が実を結んだ）

conserve は con（完全に）＋ serve（保つ）で「配慮して計画的に保護する」という意味。conserve electricity（電気を保存する）や It is important to conserve marine life.（海洋生物を保護することが重要である）のように電気や体力などを使わず温存する、天然資源を保全するという文脈でよく使う。

単語ネットワーク

Topic 2

Nature

このトピックで重要な単語をまとめています。こちらもチェックしましょう。

- □□□

origin
[ɔ́ridʒin]

名 起源
find a common **origin**
共通の起源を見つける

- □□□

disaster
[dizǽstər]

名 災害
send aid to **disaster** victims
災害被災者に支援を送る

- □□□

storm
[stɔ́:m]

名 嵐
go through the eye of the **storm**
嵐の目を通り抜ける

- □□□

smog
[smɔg]

名 スモッグ
reduce **smog** levels over time
長い時間をかけてスモッグの量を減らす

- □□□

earthquake
[ə́:θkwèik]

名 地震
predict a massive **earthquake**
巨大地震を予測する

- □□□

environmental
[envàiərənméntəl]

形 環境の
tackle an **environmental** problem
環境問題に取り組む

- □□□

climate
[kláimit]

名 気候
address **climate** change
気候変動に取り組む

- □□□

resource
[rízɔ̀:rs]

名 資源
use limited **resources**
限られた資源を使う

- □□□

pollute
[pəlú:t]

動 汚染する
pollute the natural environment
自然環境を汚染する

- □□□

situation
[sìtʃu:éiʃən]

名 状況
make the **situation** better
状況を好転させる

- □□□

blend
[blénd]

動 混ざる
blend in with the surroundings
環境に溶け込む

- □□□

forecast
[fɔ́:kæst]

名 予報
check the weather **forecast**
天気予報をチェックする

- □□□

violent
[váiələnt]

形 激しい
weather a **violent** storm
激しい嵐を切り抜ける

- □□□

evolution
[èvəlú:ʃən]

名 進化
undergo a process of **evolution**
進化の過程を経験する

- □□□

specimen
[spésəmin]

名 標本
purchase a **specimen** of a butterfly
チョウの標本を購入する

- □□□

perceive
[pərsí:v]

動 気づく
perceive danger in the forest
森の中の危険に気づく

- □□□

shower
[ʃáuər]

名 にわか雨
get caught in a **shower**
にわか雨に遭う

- □□□

remodel
[ri:mɔ́dəl]

動 改築する
remodel the original house
元の家を改築する

- □□□

endangered
[indéindʒərd]

形 絶滅危惧の
protect **endangered** species
絶滅危惧種を保護する

- □□□

ecology
[ikɔ́lədʒi]

名 生態系
damage the **ecology** of the city
都市の生態系を破壊する

- □□□

pollution
[pəlúːʃən]

名 汚染
broadcast the serious air **pollution** in China
中国の深刻な大気汚染を放送する

- □□□

scarcity
[skέərsəti]

名 不足
solve food and water **scarcity** issues
食料と水不足問題を解決する

- □□□

oxygen
[ɔ́ksidʒən]

名 酸素
give off a large amount of **oxygen**
大量の酸素を放出する

- □□□

fatal
[féitəl]

形 致命的な
lead to a **fatal** disaster
致命的な惨事につながる

- □□□

disposal
[dispóuzəl]

名 廃棄
discuss the **disposal** of plastic bags
ビニール袋の廃棄に関する議論をする

- □□□

fossil
[fɔ́səl]

名 化石
discover the **fossil** of a dinosaur
恐竜の化石を発見する

- □□□

solar
[sóulər]

形 太陽の
utilise **solar** energy effectively
太陽エネルギーを効率的に利用する

- □□□

repair
[ripέə]

動 修理する
repair cracks in the building
建物のひび割れを修理する

- □□□

odour
[óudə]

名 匂い
emit a terrible **odour**
とても不快な匂いを放つ

- □□□

drought
[draut]

名 干ばつ
survive a severe **drought**
深刻な干ばつから生き延びる

□□□

stream
[strí:m]

名 小川
cross a narrow **stream** by boat
狭い川をボートで渡る

□□□

habitat
[hǽbitæ̀t]

名 生息地
natural **habitat** of the koala
コアラの自然生息地

□□□

marble
[mɑ́:bəl]

名 大理石
carve a statue out of **marble**
大理石を削って像を作った

□□□

solution
[səlú:ʃən]

名 解決策
come up with a peaceful **solution**
平和的な解決策を思いつく

□□□

protection
[prətékʃən]

名 保護
get involved in environmental **protection**
環境保護に関わる

□□□

responsibility
[rispɔ̀nsəbíliti]

名 責任
assume parental **responsibility**
親の責任を負う

□□□

dormant
[dɔ́:mənt]

形 休止状態の
climb a **dormant** volcano
休火山に登る

□□□

minimise
[mínimàiz]

動 最小にする
minimise the fallout from the radiation
放射性降下物を最小にする

□□□

swamp
[swɔmp]

名 沼地
drain the **swamp** water
沼地の水を抜く

□□□

ranch
[rǽntʃ]

名 大牧場
rear horses on the **ranch**
大牧場で馬を飼育する

短文穴埋め問題

Topic 3

Education

解いて身につく
頻出単語

41…60

何回解いた？ □1回 □2回 □3回

解答目標タイム ··· 20秒

Children (   ) to understand verbal communication if it is not accompanied by guiding facial expressions.

A discern
B cultivate
C struggle

□ verbal 形 言葉による、言語的な
□ accompany 動 伴う、同伴する

Answer 1　正解 C　struggle

Children **struggle** to understand verbal communication if it is not accompanied by guiding facial expressions.
表情の誘導を伴わなければ、子ども達は言語的なコミュニケーションを理解するのに苦労する。

後ろに to 不定詞が来ているので struggle to do（~するのに苦労する）の形をとることのできる (C) が正解

選択肢の単語を全部覚えよう

□□□
discern
[disə́ːn]

動 見分ける、認識する
名 **discernment**（識別、洞察力）

▶ discern good and evil（善と悪とを見分ける）
▶ It is difficult to discern quality through sight alone.
（見た目だけで品質を判断することは困難だ）

tell A from B や distinguish A from B は、A と B の違いを「区別する」というニュアンスがあるが、discern には「認識して判断する」というニュアンスがある。類義語に distinguish（区別する）identify（確認する、特定する）recognise（識別する）がある。

□□□
cultivate
[kʌ́ltəvèit]

動 耕す、養う、育成する
形 **cultivated**（教養のある、洗練された）

▶ cultivate the soil（土を耕す）
▶ Taking notes is a skill that students can cultivate.
（メモを取ることは学生が身につけることができるスキルだ）

cult の語源は「耕す」で culture（文化）agriculture（農業）colony（植民地）と同語源。cultivate（畑を耕す）以外にも have a cultivated mind（精神を豊かにする）のように教育的な意味で才能や技術を磨く時にも使う。

□□□
struggle
[strʌ́gl]

動 苦労する、奮闘する　名 努力、戦闘
類 **suffer**（苦しむ）

▶ struggle with the assignment（課題に苦労する）
▶ Students struggle with newfound independence at university.
（学生は大学での新たな自立に苦しむ）

struggle は「もがきながら苦労して前進している」という「努力」のニュアンスがあり、名詞形では「戦い、戦闘」という意味になる。

Question 2

何回解いた？ □1回 □2回 □3回

解答目標タイム ››› 20秒

Boarding schools can foster ( ) in unruly children, which can be reassuring for parents who have exhausted other options.

A discipline
B discourse
C distress

□ unruly 形 手に負えない、粗暴な
□ reassure 動 安心させる、自信を与える

Answer
2 正解 A **discipline**

Boarding schools can foster **discipline** in unruly children, which can be reassuring for parents who have exhausted other options.
ボーディングスクールは手に負えない子ども達の規律を養成することができるので、他の選択肢を使い果たした親にとって心強い存在である。

空所の後ろの unruly children（手に負えない子ども）や foster（養成する）と相性がいいのは (A) の discipline（規律）

選択肢の単語を全部覚えよう

□□□
discipline
[dísəplin]

名 規律、しつけ、訓練、学問分野
動 訓練する、しつける
形 **disciplined**（規律のある、訓練された）

▸ maintain a high level of discipline（高いレベルの規律を維持する）
▸ My father instilled a sense of discipline in me.（父は私に規律を教え込んだ）

self-discipline は「自分を律すること」や「自己管理」と訳され、自立した学習者（autonomous learner）に欠かせないスキルの1つ。また教育の文脈で頻出の派生語である interdisciplinary（学際的な、多分野にまたがる）も覚えておきたい。

□□□
discourse
[dískɔːrs]

名 談話、対談
類 **conversation**（会話） **discussion**（議論）

▸ hold discourse with a professor（教授と話をする）
▸ Positive classroom discourse can improve student-teacher rapport.
（教室での前向きな談話は生徒と教師の関係を改善することができる）

言語学の世界では、discourse analysis（談話分析）という話し言葉や書き言葉を分析する学問分野がある。debate（討論）discussion（議論）dialogue（対話）もまとめて覚えておきたい。

□□□
distress
[distrés]

名 苦悩、困難
類 **anguich**（心身の激しい苦痛）

▸ in a state of distress（悲しみに暮れた状態で）
▸ Heavy workloads can cause distress in students.
（重い作業量は学生に苦痛を与える可能性がある）

語源は dis（強調）＋ str（締める）で苦境から生じる苦悩を、sadness（悲しみ）は一時的な苦悩を、grief は「死」や「絶望」に関連した悲しみを意味する。sorrow（悲しみ）は最も一般的な表現である。

何回解いた？ □1回 □2回 □3回

解答目標タイム ››› 25秒

There is a ( ) need to overhaul the existing curriculum to reflect the lived experiences of students and equip them with the tools to succeed.

A fundamental
B neglected
C prestigious

□ overhaul 動 徹底的に点検する、見直す
□ reflect 動 反映する

Answer 3 正解 A fundamental

There is a **fundamental** need to overhaul the existing curriculum to reflect the lived experiences of students and equip them with the tools to succeed.

生徒の生活体験を反映し、成功するためのツールを身につけさせるために、既存のカリキュラムを見直すという根本的なニーズがある。

空所の後ろの名詞 need と相性がいいのは (A) の fundamental (根本的な)

選択肢の単語を全部覚えよう

□□□

fundamental
[fʌndəméntəl]

形 根本的な、基礎の、必須の

副 **fundamentally** (根本的に)

- fundamental differences in school systems (学校システムの根本的な違い)
- Teachers are fundamental to the education system.
(教師は教育システムの基本である)

fundamental には basic (基礎の) と同意語で「基本的な」という要素も含まれるが、「必須の」のようなニュアンスもあるため Sleeping and eating are fundamental to one's life. (寝ることと食べることは人の命に欠かせないものである) と表すことができる。

□□□

neglected
[nigléktid]

形 無視された

動 **neglect** (無視する)

- neglected aspect of learning (無視された学習の側面)
- Neglected students have an increased risk of developing behavioural disorders. (軽視された学生は行動障害を発症するリスクが高くなる)

neg (否定) + lect (選ぶ) が語源で neglect の過去分詞形が neglected となる。子育てにおいては育児放棄や育児怠慢という意味で日本語でも「ネグレクト」が使われている。

□□□

prestigious
[prestídʒ(i)əs]

形 一流の、名声がある

名 **prestige** (名声、威信)　類 **dignity** (名 威厳)

- get accepted into a prestigious university (名門大学に合格する)
- The Nobel Peace Prize is one of the world's most prestigious awards.
(ノーベル平和賞は世界で最も権威のある賞の一つである)

prestigious に似た表現である exclusive には「特定の人しか入れないほどの高級な」という意味がある。

何回解いた？ □1回 □2回 □3回

解答目標タイム … 20秒

(　　　　) children who are held to high standards in early education often grow into adults with crippling inferiority complexes.

A Gifted
B Explicit
C Underprivileged

□ crippling 形 不自由な
□ inferiority 名 劣等感

Answer 4 正解 A Gifted

Gifted children who are held to high standards in early education often grow into adults with crippling inferiority complexes.
早期教育で高い水準に置かれた才能のある子どもはしばしば不自由な劣等感を抱えたまま大人になる。

high standards（高い水準）とあるので、(A) の Gifted（才能のある）が文意にあう

選択肢の単語を全部覚えよう

□□□
gifted
[gíftəd]
形（生まれつき）才能のある、知能の高い
名 **gift**（贈り物）

- nurture a gifted child（才能のある子どもを育てる）
- Our school had a gifted and talented program.
（私たちの学校には英才教育プログラムがあった）

gift は give と同語源で「与えること」という意味が強く「贈与」とも捉えられ、よりフォーマルなニュアンスがある。gifted には「神から才能を授かる」という意味もあり、be gifted with A（A の能力に恵まれている）で覚えよう。類義語に talented（才能のある）がある。

□□□
explicit
[iksplísit]
形 明示的な、明白な、露骨な
副 **explicitly**（明示的に） 反 **implicit**（暗示的な）

- give explicit feedback（明示的なフィードバックをする）
- Teachers need to give explicit instructions.（教師は明確な指示を与える必要がある）

ex（外に）＋ plicit（折る）が語源で、折り畳まれているものを外に出して明らかにするイメージ。言語習得理論では、文法などを自分の言葉で説明できる知識を explicit knowledge（明示的知識）と呼ぶ。

□□□
underprivileged
[ʌ̀ndəprívilidʒd]
形 社会的・経済的に恵まれていない
名 **privilege**（特権）

- come from an underprivileged background（恵まれない背景からくる）
- Basic education is especially important for underprivileged children.
（基礎教育は恵まれない子ども達にとって特に重要である）

privilege（特権）は privacy（プライバシー）と legal（合法な）を組み合わせたような単語になっていることが分かる。古表記では priviledge だったが、現代英語では d が消えて privilege となる。スペリングに注意。underprivileged は financially handicapped（金銭的に不利な状態にある）に言い換えられる。

何回解いた？ □1回 □2回 □3回

解答目標タイム … 20秒

It does not make sense that children are taught about geometry and algebra but not given even a (   ) introduction to managing their own finances.

A remedial
B rudimentary
C spontaneous

□ geometry 名 幾何学
□ algebra 名 代数学

Answer 5 正解 B **rudimentary**

It does not make sense that children are taught about geometry and algebra but not given even a **rudimentary** introduction to managing their own finances.

子ども達に幾何学や代数学は教えても金銭管理については初歩的な導入さえ教えないというのは理にかなっていない。

 introduction（入門）を適切に修飾できるのは (B) の rudimentary（初歩的な）

選択肢の単語を全部覚えよう

□□□

remedial
[rimí:diəl]

形 補習の、治療上の

名 **remedy**（解決策、改善法、治療法）

▸ develop a remedial education programme（補習教育を開発する）

▸ Remedial reading immensely aids students with learning disabilities.
（学習障害のある生徒には、補習用の読書が非常に有効だ）

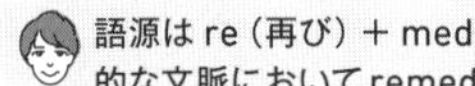 語源は re（再び）+ med（治す）。病気や怪我の治療に用いられ、形容詞形 remedial は教育的な文脈において remedial education（リメディアル教育）などと用いられる。

□□□

rudimentary
[rù:diméntəri]

形 初歩の、基本の

類 **elementary**（初歩の）

▸ possess a rudimentary knowledge of French（フランス語の初歩的な知識がある）

▸ Only a rudimentary understanding of mathematics is required.
（数学の初歩的な理解のみが必要である）

 類義語の elementary は初歩的なステップというニュアンスがあり、primary は順位が高いことが強調され、rudimentary は上級ではなく未発達で基本的なものを指す。

□□□

spontaneous
[spɔntéiniəs]

形 自発的な

副 **spontaneously**（自発的に、自然に）

▸ have a spontaneous idea（自発的な考えを持つ）

▸ Pair work is an opportunity for spontaneous conversation.
（ペアワークは、自発的な会話のきっかけになる）

 spontaneous はラテン語で「自由意志」という語源があり、誰かに強制されるのではなく自らの意志で行動するニュアンスがある。自然現象や植物の成長などにも使われる。

何回解いた？ □1回 □2回 □3回

解答目標タイム … 15秒

General studies courses may broaden the ( ) of those coming from more homogenous and isolated backgrounds.

A realm
B perspective
C dissertation

□ homogenous 形 均質の、一様な
□ isolated 形 孤立した

Answer 6 正解 B **perspective**

General studies courses may broaden the **perspective** of those coming from more homogenous and isolated backgrounds.
一般教養科目はより均質で孤立した背景を持つ人々の視野を広げることができる。

broaden（広げる）と相性がいいのは (B) の perspective（視野）

選択肢の単語を全部覚えよう

□□□

realm
[rélm]

名 領域、範囲、王国
類 **region**（地域、領域） **kingdom**（王国）

▸ working in the realm of international relations（国際関係業務）
▸ Einstein made outstanding contributions in the realm of physics.
（アインシュタインは物理学の領域で卓越した貢献をした）

realm は歴史とファンタジーのジャンルでよく使われているのを見かける。「領土」という意味があるため、『Kings of the Realm』というゲームのタイトルにもなっている。

□□□

perspective
[pərspéktiv]

名 見方、観点
類 **mindset**（考え方） **viewpoint**（観点）

▸ from a psychological perspective（心理学的な視点から）
▸ Higher education can offer new and diverse perspectives.
（高等教育では、新しく多様な視点を提供することができる）

perspective の語源は per（完全に）＋ spect（見る）で「見通し、観点、視点」という意味になり、viewpoint や a point of view にパラフレーズできる。IELTS のライティングでは客観性が求められるので perspective をうまく活用しよう。

□□□

dissertation
[dìsərtéiʃən]

名 論文
動 **dissert**（論じる、論述する）

▸ write a doctoral dissertation（博士論文を書く）
▸ A dissertation is compulsory for all students pursuing a doctoral degree.
（博士号取得を目指すすべての学生にとって、学位論文は必須である）

dissertation は高等教育における最後の論文を意味し、ある一つの領域をマスターしたことを証明する論文であり、PhD dissertation（博士論文）のように使う。PhD はラテン語の philosophiae doctor（哲学博士）に由来する。

何回解いた？ □1回 □2回 □3回

解答目標タイム ••• 20秒

There is an expectation that high school graduates are ( ) about a variety of social subjects, not just maths and the sciences.

A knowledgeable
B compulsory
C obligatory

Answer 7 正解 A knowledgeable

There is an expectation that high school graduates are **knowledgeable** about a variety of social subjects, not just maths and the sciences.

高卒者は数学や理科だけでなく、様々な社会科に関する知識があることが期待されている。

主語に人、後ろに about (～について) をとることができるのは (A) の knowledgeable (知識のある)

選択肢の単語を全部覚えよう

□□□

knowledgeable
[nɔ́lidʒəbəl]

形 知識のある、精通している

名 **knowledge** (知識)

▸ knowledgeable about linguistics (言語学に詳しい)

▸ Professors are knowledgeable about very specific topics.
(教授陣は非常に特殊なトピックに精通している)

心理学者ヴィゴツキー (Vygotsky) は MKO (More Knowledgeable Other) つまり、自分より知識がある人、先生、仲間から学習者は効率的に学ぶことができるという。

□□□

compulsory
[kəmpʌ́lsəri]

形 強制的な、義務的な

類 **mandatory** (義務的な、必須の)

▸ complete compulsory education (義務教育を修了する)

▸ Wearing uniforms is compulsory in most schools in Britain.
(英国ではほとんどの学校で制服を着ることが義務付けられている)

語源は com (共に) + pul (駆ける) で propeller (プロペラ) や pulse (脈拍) と同語源。compulsory (強制力のある義務) obligatory (恩があるためにやらないと失礼になる義務) mandatory (上から命令された義務) という意味なので覚えておこう。

□□□

obligatory
[əblígətri]

形 義務的な、必須の

名 **obligation** (義務)

▸ an obligatory display of welcome (ウェルカム表示の義務化)

▸ Giving monetary gifts to wedded couples is obligatory in Japan.
(日本では結婚したカップルへの金銭の贈答が義務付けられている)

obligatory には義理や恩義というニュアンスもあり、名詞形の obligation を用いた holiday of obligation はカトリック教徒が肉体労働を控えてミサに出席すべき義務的な聖日を指す。

何回解いた？ □1回 □2回 □3回

解答目標タイム ››› 20秒

We are (   ) in a new era of learning, where convenience and accessibility are prioritised over face to face interaction.

A cordially
B arguably
C necessarily

□ prioritise 動 優先する（させる）
□ interaction 名 交流、意思の疎通

Answer
8 正解 B **arguably**

We are **arguably** in a new era of learning, where convenience and accessibility is prioritised over face to face interaction.
私達は間違いなく、対面での対話よりも利便性やアクセスのしやすさが優先される新しい学びの時代を迎えている。

空所の前後で、私達は学びの新時代にいるとあるので (B) の arguably (間違いなく) が文意に合う

選択肢の単語を全部覚えよう

□□□
cordially
[kɔ́rdʒli]
副 心から
形 **cordial** (心からの)

▸ speak to the professor cordially (教授に熱心に話しかける)
▸ You are cordially invited to the wedding of Alex and Sarah.
(アレックスとサラの結婚式にご招待いたします)

cordially は手紙の末尾の挨拶として Yours sincerely, と同様に Yours cordially, と使える。cordially の cord の語源は「心」で record (記録する) や cord (電気のコード)、courage (勇気) と同じ語源。

□□□
arguably
[ɑ́:gjuəbli]
副 おそらく間違いなく
動 **argue** (議論する、言い争う) 名 **argument** (議論)

▸ arguably the biggest reason (間違いなく最大の理由)
▸ Einstein is arguably the most famous scientist.
(アインシュタインは間違いなく最も有名な科学者である)

arguably は IELTS ライティング必須の副詞で客観性が求められるアカデミックライティングで断定を避けることができる。類義語の maybe (多分) possibly (多分、ひょっとしたら) probably (おそらく) も覚えておこう。

□□□
necessarily
[nèsəsérəli]
副 必然的に、(否定文で) 必ずしも～ない
形 **necessary** (必須の) 名 **necessity** (必要性)

▸ Making mistakes doesn't necessarily mean you've failed.
(間違いを犯したからといって必ずしも失敗したとは限らない)
▸ Good grades do not necessarily predict intelligence.
(良い成績が必ずしも知性を表すわけではない)

necessary は避けられない必然性が伴う時に使われる。名詞形の複数形で necessaries は「必需品」という意味にもなる。

何回解いた？ □1回 □2回 □3回

解答目標タイム ⋯ 15秒

The brain changes significantly during (　　　　), including an excess of hormones and emotion, which bleeds over into daily life.

A pedagogy
B plasticity
C puberty

□ excess 名 過剰、超過
□ hormone 名 ホルモン

Answer 9 正解 C **puberty**

The brain changes significantly during **puberty**, including an excess of hormones and emotion, which bleeds over into daily life.
脳は思春期に著しく変化し、過剰なホルモンや感情が日常生活に影響を及ぼす。

期間を表す during のあとは時間に関係した名詞が続くため (C) の puberty (思春期) が正解

選択肢の単語を全部覚えよう

□□□
pedagogy
[pédəgòuʤi]

名 教授法
形 **pedagogical** (教授法の) 名 **pedagogue** (教育者)

▸ employ digital pedagogy at the school (学校でデジタル教授法を採用する)
▸ The grammar translation method is a conventional pedagogy.
(文法訳読法は従来の教育法である)

言語教育の世界では様々な pedagogy (教授法)、つまり teaching method が存在し、最も古いものには Grammar Translation (文法訳読式)、最近では CLIL: Content and Language Integrated Learning (内容言語統合型学習) などがある。

□□□
plasticity
[plæstísiti]

名 可塑性、柔軟さ
形 **plastic** (柔軟な)

▸ enhance the effect of brain plasticity (脳の可塑性の効果を高める)
▸ Due to its plasticity, ceramic clay is an effective tool for fine muscle development. (セラミック粘土はその可塑性から、細かい筋肉の表現に効果的なツールである)

脳の可塑性 (plasticity)、つまり脳の柔らかさが失われると言語が習得が難しくなるという考え方がある。大人になると言語習得能力が落ちる1つの原因とされる脳の可塑性の損失 (loss of plasticity) である。

□□□
puberty
[pjú:bəti]

名 思春期
名 **pubescence** (思春期、青春期)

▸ at an early stage in puberty (思春期の初期段階に)
▸ Puberty is an exceptionally difficult time. (思春期は非常に大変な時期である)

puberty (思春期) などのある一定の時期を過ぎると、言語習得が困難になる Critical Period Hypothesis (臨界期仮説) というものがある。

何回解いた？ □1回 □2回 □3回

解答目標タイム ･･･ 20秒

The installation of metal detectors in American public schools has been a (   ) but necessary measure to protect both students and staff.

A conditional
B controversial
C comprehensive

□installation 名 据え付け、設備
□detector 名 探知器

Answer 10　正解 B　controversial

The installation of metal detectors in American public schools has been a **controversial** but necessary measure to protect both students and staff.

アメリカの公立学校における金属探知機の設置は賛否両論があるが、生徒と職員を守るために必要な措置だ。

necessary（必要な）と but で並んでいるので否定的な意味の (B) controversial（議論の余地がある）が正解

選択肢の単語を全部覚えよう

□□□

conditional
[kəndíʃənəl]

形 条件付きの

名 **condition**（条件）　反 **unconditional**（無条件の）

- receive a conditional offer（条件付き合格を受けとる）
- Passing your exams is conditional on doing the work to keep up in classes.（試験に合格するには授業についていくための作業を行うことが条件だ）

イギリスの大学ではIELTSのスコアなどの必要条件が満たされていない時などに conditional offer（条件付き合格）となり、条件が満たされると unconditional offer（無条件合格）にアップデートされる制度がある。

□□□

controversial
[kɑ̀ntrəvə́ːʃəl]

形 議論の余地がある

名 **controversy**（論争）

- come across a controversial issue（物議を醸す問題に出くわす）
- Many people find political education controversial.
（政治教育には多くの人が賛否両論を感じている）

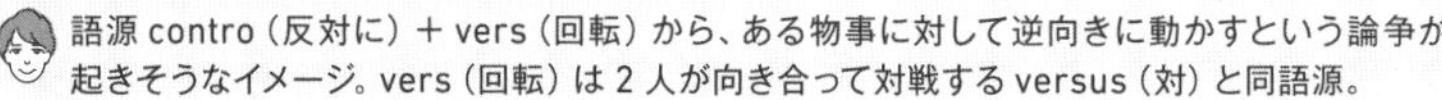

語源 contro（反対に）+ vers（回転）から、ある物事に対して逆向きに動かすという論争が起きそうなイメージ。vers（回転）は 2 人が向き合って対戦する versus（対）と同語源。

□□□

comprehensive
[kɑ̀mprihénsiv]

形 包括的な

動 **comprehend**（精通して理解する）
名 **comprehension**（理解、包括）
形 **comprehensible**（理解できる）

- conduct comprehensive research on the effects of social media.
（SNS の効果についての包括的な研究を行う）
- The Oxford Deluxe Dictionary is a comprehensive aide for English learning.
（オックスフォード・デラックス・ディクショナリーは英語学習のための総合的な補助教材である）

言語学習において網羅性のある comprehensive curriculum（包括的なカリキュラム）も重要だが、能力に合わせた comprehensible input（理解できるレベルのインプット）も重要。

単語ネットワーク

Topic 3

Education

このトピックで重要な単語をまとめています。こちらもチェックしましょう。

- □□□

fail
[féil]

動 落ちる
fail an important exam
重要な試験に落ちる

- □□□

ability
[əbíləti]

名 能力
possess an exceptional **ability**
並外れた能力を持っている

- □□□

basis
[béisis]

名 基礎
form a sound **basis**
確固とした基礎を築く

- □□□

talent
[tǽlənt]

名 才能
show an artistic **talent**
芸術的才能を見せる

- □□□

knowledge
[nɔ́lidʒ]

名 知識
gain **knowledge** from your experiences
経験から知識を得る

- □□□

understanding
[ʌ̀ndəstǽndiŋ]

名 理解
have a better **understanding** of Japan
日本をより理解する

- □□□

practical
[prǽktikəl]

形 実践的な
learn about **practical** theory
実践的理論について学ぶ

- □□□

equal
[í:kwəl]

形 平等な
provide an **equal** opportunity
平等な機会を提供する

- □□□

request
[rikwést]

名 要求
make a reasonable **request**
妥当な要求をする

- □□□

prepare
[pripέər]

動 準備する
prepare for the exam
試験に向けて準備する

- □□□

grasp
[grǽsp]

動 **理解する**
grasp the concept of molecular physics
分子物理学の概念を理解する

- □□□

lecture
[léktʃər]

名 **講義**
take **lecture** notes
講義メモをとる

- □□□

respond
[rispɔ́nd]

動 **応答する**
respond to the question
質問に応答する

- □□□

publish
[pʌ́bliʃ]

動 **出版する**
publish a picture book for children
子ども向けの絵本を出版する

- □□□

principal
[prínsipəl]

名 **校長**
report to the **principal**
校長先生に報告する

- □□□

progress
[prə́ugres]

名 **進歩**
make **progress** towards the year-end goal
期末の目標に向かって進歩する

- □□□

standard
[stǽndərd]

名 **水準**
set a high **standard**
高い水準を設定する

- □□□

behave
[bihéiv]

動 **振る舞う**
behave properly in the classroom
教室できちんと振る舞う

- □□□

attitude
[ǽtitjù:d]

名 **態度**
change an **attitude**
態度を変える

- □□□

examination
[igzæ̀mənéiʃən]

名 **試験**
pass the **examination** with ease
容易に試験に合格する

- □□□

distinction
[distíŋkʃən]

名 区別
make a clear **distinction**
明確な区別をする

- □□□

assess
[əsés]

動 評価する
assess a student's ability
生徒の能力を評価する

- □□□

specialise
[spéʃəlàiz]

動 専攻する
specialise in English literature
英文学を専攻する

- □□□

subscribe
[səbskráib]

動 購読する
subscribe to a daily newspaper
日刊紙を定期購読する

- □□□

requirement
[rikwáiərmənt]

名 必要条件
meet the minimum **requirements**
最低条件を満たす

- □□□

deadline
[dédlàin]

名 締め切り
meet the **deadline**
締め切りに間に合う

- □□□

recruit
[rikrú:t]

動 採用する
recruit talented students
優秀な学生を採用する

- □□□

incentive
[inséntiv]

名 動機
provide a monetary **incentive**
金銭的な動機を与える

- □□□

colleague
[kɔ́li:g]

名 同僚
go out with a former **colleague**
以前の同僚と出かける

- □□□

cognitive
[kɔ́gnitiv]

形 認知の
learn about **cognitive** science
認知科学について学ぶ

- □□□

profession
[prəféʃən]

名 専門職
go into a teaching **profession**
教職に就く

- □□□

differentiate
[dìfərénʃièit]

動 区別する
differentiate between right and left
左右を区別する

- □□□

tedious
[tíːdiəs]

形 退屈な
attend a **tedious** lecture
退屈な講義に出席する

- □□□

arbitrary
[ɑ́ːbətrèri]

形 任意の
set an **arbitrary** deadline
任意の締め切りを設ける

- □□□

lessen
[lésn]

動 減らす
lessen the disparity between men and women
男女格差を減らす

- □□□

doctorate
[dɔ́ktərit]

名 博士号
obtain a physics **doctorate**
物理学の博士号を取得する

- □□□

spontaneous
[spɔntéiniəs]

形 即興の
make a **spontaneous** change in plans
計画を即興で変更する

- □□□

shrewd
[ʃrúːd]

形 鋭い
make a **shrewd** observation
鋭い観察をする

- □□□

figurative
[fígjərətiv]

形 比喩的な
understand a **figurative** expression
比喩的な表現を理解する

- □□□

inadvertent
[ìnədvə́ːtənt]

形 不注意な
make an inadvertent error
不注意なミスを犯す

短文穴埋め問題

Topic 4

Science

解いて身につく頻出単語

61 … 80

Question 1

何回解いた？ □1回 □2回 □3回

解答目標タイム ⋯ 20秒

A recent (　　　　) discovery in nuclear fusion energy means that we may soon have a source of almost limitless clean power.

A old-fashioned
B ground-breaking
C deep-rooted

□ discovery 名 発見
□ nuclear fusion 核融合

Answer 1 正解 B **ground-breaking**

A recent **ground-breaking** discovery in nuclear fusion energy means that we may soon have a source of almost limitless clean power.

核融合エネルギーにおける最近の画期的な発見により、私たちは近い将来、ほとんど無限のクリーンな電力源を手に入れることができるかもしれない。

選択肢は全てハイフンを含む複合形容詞で discovery (発見) と相性がいいのは (B) の ground-breaking (画期的な)

選択肢の単語を全部覚えよう

□□□

old-fashioned [óul(d)fǽʃənd]

形 旧式の、時代遅れの

名 **fashion** (流行)

- hold onto old-fashioned ideas (時代遅れの思想を堅持する)
- Many still prefer old-fashioned pen and paper to typing.
(今でもタイピングよりも昔ながらのペンと紙を好む人は多い)

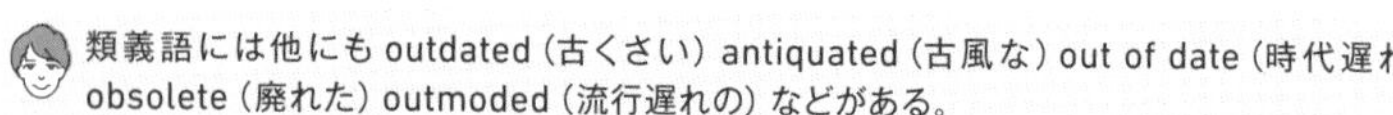

類義語には他にも outdated (古くさい) antiquated (古風な) out of date (時代遅れの) obsolete (廃れた) outmoded (流行遅れの) などがある。

□□□

ground-breaking [gráundbrèikiŋ]

形 画期的な、先駆けとなる、草分けの

類 **innovative** (革新的な) **revolutionary** (改革的な)

- ground-breaking invention in the 21st century (21世紀の画期的な発明)
- Even simple solutions can be ground-breaking.
(シンプルな解決策でも画期的なものになることがある)

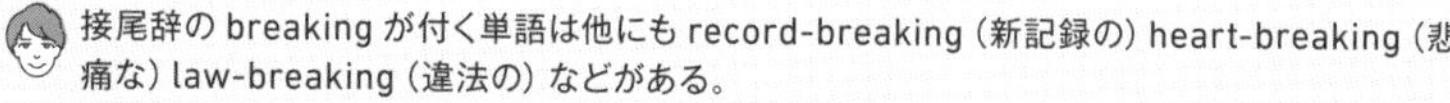

接尾辞の breaking が付く単語は他にも record-breaking (新記録の) heart-breaking (悲痛な) law-breaking (違法の) などがある。

□□□

deep-rooted [dì:prú:tid]

形 深く根付いた

形 **deep** (深い)

- have a deep-rooted prejudice against gender
(ジェンダーに対して深く根付いた偏見がある)
- Technophobia is a deep-rooted fear of technology.
(テクノフォビアとはテクノロジーに対する根深い恐怖心のことである)

類義語に ineradicable (根深い) deep-seated (考えが深く根差した) long-standing (長年の) がある。

何回解いた？ □1回 □2回 □3回

解答目標タイム … 15秒

Resolving the ethical issues of widespread use of AI will be a (   ) obstacle for future generations.

A challenging
B astonishing
C bewildering

□ ethical 形 倫理学の、道徳上の
□ obstacle 名 障害（物）、妨害（物）、邪魔

Answer 2 正解 A **challenging**

Resolving the ethical issues of widespread use of AI will be a **challenging** obstacle for future generations.
AIの普及に伴う倫理的な問題の解決は将来の世代にとって困難な障害となるだろう。

obstacle（障害）と相性がいいのは(A)のchallenging（困難な）。冠詞はaなので(B)のastonishingは入らない

選択肢の単語を全部覚えよう

□□□

challenging
[tʃǽlindʒiŋ]

形 困難な、やりがいのある

名 **challenge**（挑戦）

▸ set a challenging goal（挑戦的な目標を設定する）
▸ Challenging tasks reap greater rewards.
（やりがいのある仕事はより大きな報酬を得ることができる）

challengingは難しく大変ではあるが魅力があるという意味。仕事や労働環境においてchallenging job（やりがいのある仕事）やchallenging environment（刺激的な環境）のように使う。

□□□

astonishing
[əstɔ́niʃiŋ]

形 驚くほどの

動 **astonish**（驚かす） 名 **astonishment**（驚き）

▸ perform an astonishing trick（驚くべきトリックを実行する）
▸ The recently developed flexible and bendable smartphones are astonishing.（最近開発されたフレキシブルで曲げられるスマートフォンには驚かされる）

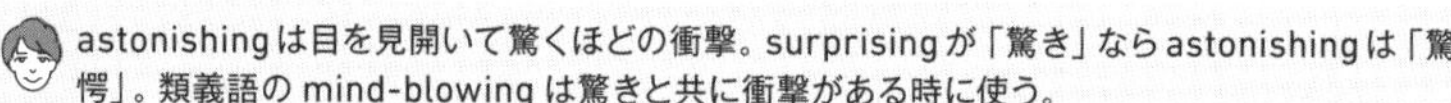

astonishingは目を見開いて驚くほどの衝撃。surprisingが「驚き」ならastonishingは「驚愕」。類義語のmind-blowingは驚きと共に衝撃がある時に使う。

□□□

bewildering
[biwíldəriŋ]

形 困惑させる

動 **bewilder**（当惑させる） 名 **bewilderment**（当惑）

▸ have a bewildering dream（途方もない夢を見る）
▸ The current pace of technological advancement is bewildering.
（現在の技術の進歩のスピードには目まぐるしいものがある）

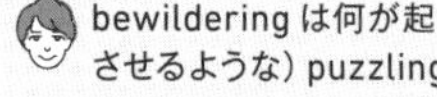

bewilderingは何が起きているのか分からず混乱する状態を指し、他にもconfusing（混乱させるような）puzzling（頭を抱えてどうすべきかと混乱する）baffling（全く理解できず混乱する）perplexing（言葉にできないほど混乱する）などがある。

何回解いた？ □1回 □2回 □3回

Question 3

解答目標タイム ⋯ 20秒

New compound metals and methods of production have successfully made newer generations of electronics more (　　　　) than their predecessors.

A durable
B defective
C electronic

□ compound 形 合成された、化合した
□ predecessor 名 先行したもの、前にあったもの

Answer 3　正解 A　durable

New compound metals and methods of production have successfully made newer generations of electronics more **durable** than their predecessors.
新しい化合物金属や製造方法によって新しい世代の電子機器は以前のものよりも耐久性が向上している。

successfully（うまく）があることからポジティブな形容詞である(A)の durable（耐久性のある）が文意に合う

選択肢の単語を全部覚えよう

□□□
durable
[djúərəbəl]
形 耐久性のある
名 **durability**（耐久性）　副 **durably**（永続的に）
名 **duration**（継続、持続）

▸ establish a durable friendship（永続的な友情を築く）
▸ We are constantly searching for more durable materials.
（私たちは常により耐久性のある素材を探している）

dur（丈夫にする）+ able（可能）という語源から継続がイメージできる。特定の期間や始まりから終わりまでを意味する前置詞の during や継続して耐え忍ぶという意味の endure などが同語源。

□□□
defective
[diféktiv]
形 欠点のある、欠陥のある
名 **defect**（欠点、短所）

▸ complain about the defective products（不良品について文句を言う）
▸ The company recalled the product due to defective batteries that caused fires.（電池の不具合で火災が発生したため会社はその商品をリコールした）

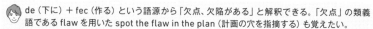

de（下に）＋ fec（作る）という語源から「欠点、欠陥がある」と解釈できる。「欠点」の類義語である flaw を用いた spot the flaw in the plan（計画の穴を指摘する）も覚えたい。

□□□
electronic
[ilektrɔ́nik]
形 電子工学の、電子の
名 **electron**（電子）　形 **electrical**（電気の、電動の）

▸ purchase an electronic dictionary（電子辞書を購入する）
▸ New technology often refers to electronic instruments which have been recently developed.（新技術とは最近開発された電子機器を指すことが多い）

electronic は「電子の」、electric は「電気の」となり混同注意！「electric bicycle（電動自転車）に乗って electronic dictionary（電子辞書）を買いに行く」といったストーリーで定着させよう。

何回解いた？ □1回 □2回 □3回

Question 4

解答目標タイム ⋯ 20秒

(　　　　) forms of technology are often patented by private investors while they are still in the planning stage, making collaboration and honest competition difficult.

A Gratuitous
B Convertible
C Revolutionary

□ patent 動 特許権をとる
□ honest 形 公正な

Answer 4 正解 C **Revolutionary**

Revolutionary forms of technology are often patented by private investors while they are still in the planning stage, making collaboration and honest competition difficult.

革新的な技術形態はまだ計画段階にある間に、個人投資家によって特許が取得されることが多く、コラボレーションや公正な競争を困難にしている。

forms of technology（技術形態）と相性がいいのは (C) の Revolutionary（革命的な）

選択肢の単語を全部覚えよう

□□□

gratuitous
[grətjúːətəs]

形 無報酬の

名 **gratuity**（チップ）

- thanks to the gratuitous support（無償サポートのおかげで）
- The hotel provides a gratuitous shuttle service to and from the airport.（ホテルでは空港とホテル間の無料シャトルサービスを提供している）

grat には「感謝」という語源があり、grateful（感謝して）congratulation（祝賀）と同語源である。

□□□

convertible
[kənvə́ːtəbl]

形 別の目的で別の形に変換できる
名 コンバーチブル

名 **convertibility**（転換できること）
名 **conversion**（転化、転換） 動 **convert**（転換する）

- introduce a convertible currency（交換可能通貨を導入する）
- Heat is convertible into electricity.（熱は電気に変換できる）

折り畳みができるルーフ付きの自動車のことを日本語では「コンバーチブル」と呼び、英語では convertible car と言う。広げるとベッドになるソファを convertible sofa bed と言う。convert A into B（A は B になる）も覚えておこう。

□□□

revolutionary
[rèvəljúːʃənèri]

形 革新的な

動 **revolve**（回転する） 名 **revolution**（革命）

- revolutionary approach to the problem（問題に対する革新的なアプローチ）
- When the world's first television was unveiled in the 1920s, it was revolutionary.（1920 年代に世界初のテレビが発表された時、それは革命的だった）

revolutionary の動詞形 revolve の語源は re（再び）+ volve（回転）。回転しながら急進的な変化を起こしていくイメージがあり、revolving door（回転ドア）が身近で分かりやすい例である。

何回解いた？ □1回 □2回 □3回

Question 5

解答目標タイム … 20秒

The (　　　　) of a nuclear war happening is terrifyingly high in a world where global superpowers mistrust and collaborate against each other.

A prospect
B vandalism
C evacuation

□ terrifyingly 副 恐ろしいほど
□ mistrust 名 不信感、疑惑

Answer
5 正解 A **prospect**

The **prospect** of a nuclear war happening is terrifyingly high in a world where global superpowers mistrust and collaborate against each other.

世界の超大国が相互に不信感を抱きながら互いに対立し合う世界では、核戦争の起こる可能性が恐ろしく高い。

terrifyingly high（恐ろしく高い）を補語に取れる名詞は (A) の prospect（可能性）

選択肢の単語を全部覚えよう

□□□

prospect
[prɔ́spèkt]

名 可能性、見込み

形 **prospective**（見込みのある）

▸ offer a promising business prospect（有望なビジネスの見通しを提供する）
▸ Software developers have good employment prospects.
（ソフトウェア開発者の雇用見通しは良好である）

pro（前）+ spect（見る）で先々のことを見る→「見通し」となる。spect（見る）が付く単語は他にも inspect（検査する）respect（尊敬する）suspect（疑う）などがある。類義語に outlook（将来の見通し）や probability（可能性）がある。

□□□

vandalism
[vǽndəlìzəm]

名 公共物の破壊

動 **vandalise**（壊す） 名 **vandal**（破壊者）

▸ destructive effects of vandalism（荒らしの破壊的効果）
▸ Installing security cameras will deter vandalism.
（防犯カメラの設置は破壊行為の抑止につながる）

vandalism は公共物や芸術品を意図的に破壊する行為を指し、犯罪の一種である。455 年にローマを略奪し破壊したヴァンダル族（Vandals）が由来とされている。ネット上の荒らし行為も vandalism で表せる。

□□□

evacuation
[ivæ̀kjuéiʃən]

名 避難、撤退

動 **evacuate**（避難する）

▸ follow the evacuation map（避難地図に従う）
▸ Photography is prohibited during an evacuation.
（避難中の写真撮影は禁止されている）

語源は e（外に）+ vac（空っぽ）で外に出ていくイメージができる。イギリスの大学寮では容赦なく朝の 3 時に避難訓練（evacuation drill）が行われることがある。「火災訓練」は fire drill である。

何回解いた？ □1回 □2回 □3回

解答目標タイム ･･･ 15秒

Apple's strong monopoly over the mobile phone market is an (　　　　　) for other companies to succeed.

A obstacle
B ownership
C occupation

□ monopoly 名 独占

Answer 6 正解 A obstacle

Apple's strong monopoly over the mobile phone market is an obstacle for other companies to succeed.

スマートフォン市場におけるApple（アップル社）の強力な独占は他の企業が成功するための障害となっている。

空所の後ろには「他の企業が成功するための」とあるので (A) の obstacle（障害）が文意に合う

選択肢の単語を全部覚えよう

□□□

obstacle [ɔ́bstəkl]

名 障害

類 **trouble**（困難、面倒）

- face an obstacle to a plan（計画の妨げとなるものに直面する）
- The biggest obstacle to studying abroad is financial.
  （海外留学の最大の障害は財政問題である）

ob（反対に）+ st（立つ）という語源で、目の前に立ちはだかり進めないイメージができる。類義語の obstruction は「物理的な妨害」impediment は「機能の妨げ」barrier は「物事を分離させる障害」hurdle は「克服しなければならない障害」hindrance は「干渉して進行を遅らせ、妨害するもの」の意味である。

□□□

ownership [óunərʃìp]

名 所有権

動 **own**（所有する）　形 **own**（自分の）

- continue the debate over gun ownership（銃の所有に関する議論を続ける）
- Ownership of ideas is referred to as intellectual property.
  （アイデアの所有権は知的財産と呼ばれる）

仕事でも人を率いるleadership（リーダーシップ）に加えて、自分事化するownership（オーナーシップ）も重要であるとよく言われる。接尾辞の ship は「関係」や「姿勢」を意味し、friendship（友情関係）や partnership（協力関係）などがある。

□□□

occupation [ɔ̀kjəpéiʃən]

名 職業、占領

動 **occupy**（占領する）　形 **occupied**（占有された）

- get a full-time occupation（常勤の職業に就く）
- Personal data includes a person's name, age and occupation.
  （個人データには氏名、年齢、職業が含まれる）

occupation は「一般的な職業」のことを指し、job（具体的な仕事、勤め口）career（生涯を通しての職業や経歴）business（営業や利益を目的とした仕事）profession（専門知識を必要とする仕事）vocation（使命感を持って行う仕事）もまとめて覚えておこう。

何回解いた？ □1回 □2回 □3回

Question 7

解答目標タイム ⋯ 15秒

The Mars rover was sent into space to (　　　　) the Red Planet for evidence proving whether it was ever habitable to life.

A heed
B besiege
C observe

□ Mars 名 火星
□ habitable 形 居住可能な

Answer
7 正解 C **observe**

The Mars rover was sent into space to **observe** the Red Planet for evidence proving whether it was ever habitable to life.
火星探査機は火星を観測するために宇宙に送られ、生命が居住できたかどうかを証明する証拠を求めた。

主語は探索機で目的語は the Red Planet（火星）なので（C）の observe（観察する）が文意に合う

選択肢の単語を全部覚えよう

□□□
heed
[hí:d]
動 注意する　名 注意
類 **attention**（注意）

▸ heed the words of the author（著者の言葉に心を留める）
▸ We must heed the warnings of data privacy breaches.
（個人情報漏洩の警告に耳を傾けなければならない）

忠告（advice）や警告（warning）に注意するという意味があり、listen（聞く）や pay attention to A（A に注意を払う）よりも堅い表現である。

□□□
besiege
[bisí:ʤ]
動 取り囲む、包囲する
名 **besiegement**（包囲）　類 **surround**（取り囲む）

▸ besiege a city（街を包囲する）
▸ The embassy was besieged by protesters.（大使館は抗議者に取り囲まれた）

群衆が取り囲んで詰めかけるイメージと軍隊が取り囲んで包囲するイメージが主流だが、殺到し恐怖などで悩ますというネガティブな意味もある。

□□□
observe
[əbzə́:v]
動 観察する、観測する
名 **observation**（観察）　**observer**（観察者）

▸ observe the moon（月を観察する）
▸ If you observe carefully, you can see the complexity of the process.
（よく観察してみると、その過程の複雑さが分かると思う）

observe は「長時間かけて注意深く観察する」という意味で類義語は look「意識的に何かを見る」watch「動いているものを見る」stare「じっと見つめる」glance「ちらりと見る」glare「敵意を込めてにらみつける」glimpse「短い時間で部分的に見る」などがある。

何回解いた？ □1回 □2回 □3回

解答目標タイム ••• 15秒

We can (   ) existing agricultural methods with new and innovative use of computer-regulated systems.

A erode
B reinforce
C submerge

□ agricultural 形 農学の、農業の

Answer 8 正解 B **reinforce**

We can **reinforce** existing agricultural methods with new and innovative use of computer-regulated systems.
コンピュータ制御システムの新しく革新的な使用により既存の農業の方法を強化することができる。

後ろに existing agricultural methods（既存の農業方法）と with が続いているので reinforce A with B（A を B で強化する）の形をとる (B) が正解

選択肢の単語を全部覚えよう

□□□

erode [iróud]
動 浸食する、腐食する
名 **erosion**（浸食） 類 **corrode**（腐食する）

▸ erode the politician's credibility（政治家の信頼を損なう）
▸ The cliffs have been eroded away by acid rain.
（絶壁は酸性雨によって腐食されている）

erode の徐々に擦り落とされるイメージから副詞の away が伴うことが多く、名詞形の soil erosion（土壌浸食）は「農業」に関する話題に頻出する。

□□□

reinforce [rì:infɔ́:s]
動 強化する
名 **reinforcement**（強化） 動 **force**（強制する）

▸ reinforce a bridge（橋を補強する）
▸ It is important to reinforce the idea of healthy use of technology.
（テクノロジーを健全に利用するという考えを強化することが重要である）

re（強調）+ in（中に）+ force（力）という語源で「素材を加えて物理的に補強する」や「概念や議論を強固にする」という意味になる。類義語には strong の動詞形である strengthen（強化する）や force（力）という語源から生まれた fortify（強化する）がある。

□□□

submerge [səbmə́:dʒ]
動 沈む、沈める、浸水させる
名 **submersion**（潜水、浸水）
形 **submerged**（水面下の）

▸ submerge deep into the ocean（大海原に沈む）
▸ The lighthouse was completely submerged in the water.
（灯台は完全に水中に沈められた）

sub（下に）+ merge（沈む）という語源で、水中に沈めるイメージができ、flooded のように受動態で使うことが多い。接頭辞 sub（下に）が付く英単語は他にも submarine（潜水艦）subway（地下鉄）suburb（郊外）subterranean（地下の）などがある。

何回解いた？ □1回 □2回 □3回

Question
9

解答目標タイム ››› 15秒

Soil analysis and LiDAR scanning allows archaeologists to (　　　　) more clues about the way in which our ancestors lived.

A unwrap
B unearth
C unfold

□ archaeologist 名 考古学者
□ ancestor 名 先祖、祖先

Answer
9 正解 B unearth

Soil analysis and LiDAR scanning allows archaeologists to **unearth** more clues about the way in which our ancestors lived.
土壌分析とLiDARスキャンにより、考古学者は私達の祖先がどのように暮らしていたかについてより多くの手がかりを発掘することができる。

allow 人 to に続く動詞を選択する問題で archaeologists（考古学者）がより多くの手がかりで何をするのかを考えると(B) の unearth（発掘する）が文意に合う

選択肢の単語を全部覚えよう

- □□□

unwrap
[ʌnrǽp]

動 包装を開ける
反 **wrap**（包む） 名 **wrapping**（包装材料）

▸ unwrap a present（プレゼントの包みを開ける）
▸ Once you unwrap the packaging, a product may not be returned.
（一度包装を解いた商品は返品できない場合がある）

wrap（包む）に「ある動作を逆にする」という意味の接頭辞の un- が付くことでできた語。wr で始まる単語は w を発音しないことが多いので要注意。

- □□□

unearth
[ʌnə́ːθ]

動 発掘する、明るみに出す
名 **earth**（地球、地面）

▸ unearth the remains（遺物を発掘する）
▸ It is very easy to unearth new knowledge on the Internet.
（インターネットで新しい知識を発掘するのはとても簡単である）

「ある動作を逆にする」という意味の接頭辞の un-。unhappy（不幸せな）や unlucky（不幸な）などの「否定」という意味もあるので注意。類義語に unveil（明らかにする）uncover（明らかにする）dig up（掘り出す）などがある。

- □□□

unfold
[ʌnfóuld]

動 折り畳まれた物を開く、広げる
反 **fold**（折り畳む）

▸ learn the techniques to fold and unfold papers
（紙を折ったり広げたりする技術を学ぶ）
▸ The story began to unfold in a dramatic and unexpected way.
（物語はドラマチックで予想外の展開を始めた）

「ある動作を逆にする」という意味の接頭辞の un- から折り畳まれたものを広げると解釈できる。unfold は「物語が展開する」という意味でも使われる。本の次のページを開くと物語が進んでいくことから。

何回解いた？ □1回 □2回 □3回

Question 10

解答目標タイム ››› 20秒

As artificial intelligence becomes more independent from its human creators, there is a danger that this could ( ) an ethical crisis.

A harness
B precipitate
C revolutionise

□ ethical 形 道徳上の、倫理的な

Answer **10** 正解 B **precipitate**

As artificial intelligence becomes more independent from its human creators, there is a danger that this could **precipitate** an ethical crisis.

人工知能が人間の作成者からより独立するにつれて、これが倫理的危機を引き起こす危険性がある。

目的語の an ethical crisis（倫理的危機）と相性がいいのは(B) の precipitate（引き起こす）

選択肢の単語を全部覚えよう

□□□

harness
[hɑ́:nəs]

動 自然の力を利用する、動力化する
名 馬具、引き具

類 **utilise**（利用する） **exploit**（利用する）

▸ harness the wisdom of nature（自然の知恵を利用する）
▸ Scientists have tried to harness the energy of the sun for ages.
（科学者達は長年の間、太陽のエネルギーを利用しようと試みてきた）

語源はフランス語「武具」であり、引き具で馬力を利用するようにあらゆるものを有効利用する時に使う。

□□□

precipitate
[prisípətèit]

動 突然予期せず引き起こす、陥らせる
形 突然の、急ぎの 名 沈殿物

名 **precipitation**（真っ逆さまの落下、大急ぎ、降水量）
形 **precipitous**（断崖絶壁の、急な）

▸ precipitate a crisis（危機を引き起こす）
▸ The iPhone precipitated our addiction to smartphones.
（iPhone は私達のスマートフォンへの依存を引き起こした）

precipitate は危機（crisis）などの悪い状況を加速して引き起こすという意味で、語源は pre（前に）+ cip（頭）から頭が先に突き出るイメージ。precipitate は形容詞「突然の」名詞「沈殿物」という意味にもなる。

□□□

revolutionise
[rèvəljú:ʃənàiz]

動 革命を起こす

名 **revolution**（革命、天体の公転）
形 **revolutionary**（革命的な）

▸ revolutionise government（政府に革命を起こす）
▸ Technology will revolutionise marketing in the future.
（テクノロジーが未来のマーケティングに革命を起こす）

単語ネットワーク

Topic 4

Science

このトピックで重要な単語をまとめています。こちらもチェックしましょう。

- □□□

research
[risə́ːtʃ]

名 研究
look at previous **research**
先行研究を見る

- □□□

mystery
[místəri]

名 謎
resolve a great **mystery**
大きな謎を解く

- □□□

flaw
[flɔː]

名 欠点
expose a **flaw** in the plan
計画の欠点をさらす

- □□□

device
[diváis]

名 装置
create an explosive device
爆発装置を作る

- □□□

invent
[invént]

動 発明する
invent a game and get a patent
ゲームを発明して特許を得る

- □□□

method
[méθəd]

名 方法
devise a new **method**
新しい方法を考案する

- □□□

progress
[prə́ugres]

名 進展
make rapid **progress**
急速な進展を遂げる

- □□□

evidence
[évid(e)ns]

名 証拠
gather empirical **evidence**
実証的証拠を集める

- □□□

information
[ìnfərméiʃən]

名 情報
believe misleading **information**
誤解を招くような情報を信じる

- □□□

undertake
[ʌ̀ndərtéik]

動 取り組む
undertake medical research
医学研究に取り組む

- □□□

scientific
[sàiəntífik]

形 **科学的な**
conduct a **scientific** study
科学の研究を行う

- □□□

possibility
[pɔ̀səbíləti]

名 **可能性**
explore the **possibility**
可能性を探る

- □□□

introduce
[ntrədjú:s]

動 **導入する**
introduce a new method
新しい方法を導入する

- □□□

realistic
[rì:əlístik]

形 **現実的な**
use **realistic** data
現実的なデータを使う

- □□□

compute
[kəmpjú:t]

動 **計算する**
compute the median and mode
中央値と最頻値を計算する

- □□□

experiment
[ikspérəmənt]

名 **実験**
carry out an **experiment**
実験を行う

- □□□

instal
[instɔ́:l]

動 **設置する**
instal solar panels on the roof
屋根に太陽光パネルを設置する

- □□□

debris
[dəbrí:]

名 **残骸**
recover space **debris**
宇宙ゴミを回収する

- □□□

functional
[fʌ́ŋkʃənəl]

形 **機能的な**
design a **functional** device
機能的なデバイスをデザインする

- □□□

cause
[kɔ:z]

名 **原因**
investigate the **cause** of the problem
問題の原因を調査する

- □□□

discovery
[diskʌ́vəri]

名 発見
make a scientific **discovery**
科学的発見をする

- □□□

ignite
[ignáit]

動 火を起こす
ignite a forest fire
森林火災を引き起こす

- □□□

electricity
[ilèktrísəti]

名 電気
generate **electricity** by burning fossil fuels
化石燃料を燃やして発電する

- □□□

condense
[kəndéns]

動 濃縮する
condense steam into water
蒸気を水に凝縮する

- □□□

reasonable
[rí:znəbl]

形 妥当な
seems eminently **reasonable**
極めて妥当と思われる

- □□□

persuasive
[pərswéisiv]

形 説得力のある
give a **persuasive** explanation
説得力のある説明をする

- □□□

excessive
[iksésiv | eksésiv]

形 過度な
limit the **excessive** use of smartphones
スマホの過度な使用を制限する

- □□□

refute
[rifjú:t]

動 論破する
refute the opponent's argument
相手の議論を論破する

- □□□

latitude
[lǽtətjù:d]

名 緯度
measure the **latitude** and longitude
緯度と経度を測定する

- □□□

elastic
[ilǽstik]

形 弾力のある
test the **elastic** tension
弾性張力を試す

-□□□

static
[stǽtik]

形 **静止状態の**
manipulate **static** energy
静止状態のエネルギーを操作する

-□□□

scrupulous
[skrúːpjələs]

形 **厳正な**
conduct a **scrupulous** inspection
厳正な調査を行う

-□□□

rectify
[réktəfài]

動 **訂正する**
rectify a mistake in the contract
契約書のミスを訂正する

-□□□

plausible
[plɔ́ːzəbəl]

形 **妥当な**
give a **plausible** reason
妥当な理由を述べる

-□□□

velocity
[vilɔ́siti]

名 **速度**
test the **velocity** of light
光の速度を調べる

-□□□

tangible
[tǽndʒəbl]

形 **明白な**
extract **tangible** results
明白な結果を引き出す

-□□□

premise
[prémis]

名 **前提**
understand the **premise** of the story
ストーリーの前提を理解する

-□□□

speculate
[spékjəlèit]

動 **推測する**
speculate on the outcome of the experiment
実験結果を推測する

-□□□

dissect
[disékt]

動 **解剖する**
dissect a dead animal
動物の死体を解剖する

-□□□

centrifugal
[sentrífjəgəl]

形 **遠心性の**
experience **centrifugal** force
遠心力を体験する

短文穴埋め問題

Topic 5

Society

解いて身につく
頻出単語

81 ··· 100

何回解いた？ □1回 □2回 □3回

解答目標タイム … 20秒

The bystander effect describes how people who ( ) an incident with others present are less likely to offer help to those in need.

A inspect
B restrict
C witness

□ bystander 名 傍観者
□ incident 名 事件、出来事

Answer 1 正解 C **witness**

The bystander effect describes how people who **witness** an incident with others present are less likely to offer help to those in need.

傍観者効果とは他の人がいる場所で事件を目撃した人が困っている人に助けを提供する可能性が低いことを表す。

目的語に incident（事件）をとり bystander effect（傍観者効果）と合うのは (C) の witness（目撃する）

選択肢の単語を全部覚えよう

□□□

inspect
[inspékt]

動 詳しく調査する、点検する、検査する

名 **inspection**（検査） 名 **inspector**（検査官）

▸ inspect the damage（被害を調べる）
▸ The police inspected the situation.（警察がその状況を調査した）

in（中を）+ spect（見る）という構成の語。類義語は check（～が大丈夫かどうか調べる）look into（～の中を見て調べる）scrutinise（～を徹底的に調べる）investigate（事実関係を調べる）probe（～を厳密に調べる）delve into（掘り下げて調べる）などがある。

□□□

restrict
[ristríkt]

動 制限する

名 **restriction**（制限） 形 **restrictive**（制限の）

▸ restrict the use of guns（銃の利用を制限する）
▸ The government has restricted freedom of speech in public settings.
（政府は公共の場での言論の自由を制限している）

re（強調）+ str（締める）という構成の語。類義語には limit（限界を定めて制限する）confine（範囲内に留めて制限する）restrain（感情などを制止する）constrain（無理矢理に抑制する）などがある。

□□□

witness
[wítnəs]

名 目撃者、証人 動 目撃する

名 **wit**（機知）

▸ witness a crime（犯罪を目撃する）
▸ As witnessed by the line graph, there has been an increase.
（折れ線グラフが示すように増加している）

witness は事件や犯罪などを目撃する、またはそれらを目撃した人というニュアンスがあるが、This century has witnessed the growth of A.（今世紀は A の成長を目の当たりにしてきた）のように使うこともでき、IELTS ライティング Task 1 で活用できる。

Question
2

何回解いた？ □1回 □2回 □3回

解答目標タイム ･･･ 15秒

On average, people (　　　　) more crimes in less developed countries than in more developed countries.

A abuse
B involve
C commit

Answer 2 正解 C **commit**

On average, people **commit** more crimes in less developed countries than in more developed countries.
平均すると人々は先進国よりも発展途上国でより多くの犯罪を犯している。

目的語に crimes（犯罪）をとる動詞は (C) の commit（犯す）

選択肢の単語を全部覚えよう

□□□

abuse
名 [əbjúːs] 動 [əbjúːz]

名 乱用、悪用　動（地位・特権を）乱用する
名 **abuser**（乱用者）

▸ prevent drug abuse（薬物乱用を防ぐ）
▸ Some criminals abuse the judicial system for their benefit.
（自らの利益のために司法制度を悪用する犯罪者もいる）

ab（離れて）＋ use（使う）という構成の語。「本来の目的とは離れた使い方をする」という意味。drug abuse（薬物乱用）や child abuse（児童虐待）などが社会問題として取り上げられることが多い。

□□□

involve
[invɔ́lv]

動 巻き込む、関係させる
名 **involvement**（関与）　類 **entail**（必然的に伴う）

▸ get involved in a traffic accident（交通事故に巻き込まれる）
▸ I am actively involved in my children's education.
（私は子どもの教育に積極的に関わっている）

involve の語源は in（中に）＋ volve（回る）で、螺旋状に巻き込んで関与させるイメージ。volume（回転して巻かれたもの＝1巻）や evolution（外に回転して広がる＝進化）と同語源。犯罪などの困難や引き返せない状況などに巻き込まれる時に使う。

□□□

commit
[kəmít]

動 犯す、当てる
名 **commitment**（委任、約束、献身）

▸ commit insurance fraud（保険詐欺を犯す）
▸ The defendants were committed to life sentences.（被告人は終身刑に処された）

com（共に）＋ mit（送る）が語源。「罪を犯す」という意味以外にも「委任する」「専念する」「約束する」という意味があり、語源の通り「施設や軍隊、精神科病院などに送る」という意味もある。

Question 3

何回解いた？ □1回 □2回 □3回

解答目標タイム ⋯ 20秒

The media often (　　　　) the truth to fit their own agenda, which makes it increasingly difficult to trust what you see on the news.

A distorts
B cherishes
C conforms

□ agenda 名 課題、議題
□ increasingly 副 だんだんと、次第に

Answer
3

正解 A distorts

The media often **distorts** the truth to fit their own agenda, which makes it increasingly difficult to trust what you see on the news.
メディアは自分達の意図に沿うよう真実を歪曲することが多く、ニュースで見ることを信じることがますます難しくなっている。

目的語の the truth と相性がいい動詞は (A) の distorts (歪曲する)

選択肢の単語を全部覚えよう

□□□
distort
[distɔ́ːt]

動 (事実・真実などを) 歪める、曲げる
類 **contort** (歪める、ねじ曲げる)

▸ distort the news (ニュースの内容を歪める)
▸ Hallucinogens distort the perception of reality. (幻覚剤は現実の認知を歪める)

語源は dis (分離) + tort (ひねる) でネガティブなニュアンスで歪めるという意味になる。同語源に torture (拷問) や torch (松明)、tornado (トルネード) があり、いずれもひねられるイメージがある。

□□□
cherish
[ʧériʃ]

動 胸に秘める、思いを抱く
類 **treasure** (大事にする)

▸ cherish the moment (この瞬間を大切に)
▸ It is important to cherish happy memories.
(楽しい思い出を大事にすることが重要である)

cherish は charity (慈善) と同じ語源。誰かのために何かをするニュアンス。「物を大切にする」「人や動物を大事に育てる」という意味になる。子どもに対してだけでなく恋愛表現でも使われ、恋人に対して I want to cherish you. や I'll love and cherish you. と言うこともある。

□□□
conform
[kənfɔ́ːm]

動 従う、守る
名 **conformity** (一致、類似)

▸ conform to social norms (社会規範に従う)
▸ All elevators in a building need to conform to strict safety standards.
(ビル内の全てのエレベーターは厳しい安全基準に適合している必要がある)

con (共に) + form (形) という構成の語。その場の期待値に合わせて適応し振る舞うという意味があり、イギリスでは「国教を遵奉する」という意味もある。類義語の obey (従う) や abide by (～に従う) も覚えておきたい。

何回解いた？ □1回 □2回 □3回

解答目標タイム ··· 15秒

Urban city centres have ( ) as public funding has historically been funnelled into suburban development.

A deteriorated
B flourished
C isolated

□ funnel 動 (資金などを) つぎ込む

Answer 4　正解　A　deteriorated

Urban city centres have **deteriorated** as public funding has historically been funnelled into suburban development.
都市部の中心部は歴史的に郊外開発に公的資金が投入されてきたため劣化が進んでいる。

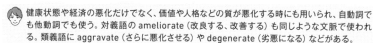

郊外開発に資金が投入されてきたという文脈から、city centres は (A) の deteriorated (悪くなった) とすれば文意に合う

選択肢の単語を全部覚えよう

□□□

deteriorate
[ditíəriərèit]

動 悪くなる、悪化させる

名 **deterioration** (悪化)

- deteriorate over time (経年劣化する)
- Discord deteriorates the community. (不和はコミュニティを劣化させる)

健康状態や経済の悪化だけでなく、価値や人格などの質が悪化する時にも用いられ、自動詞でも他動詞でも使う。対義語の ameliorate (改良する、改善する) も同じような文脈で使われる。類義語に aggravate (さらに悪化させる) や degenerate (劣悪になる) などがある。

□□□

flourish
[flə́:riʃ]

動 繁栄する、元気に育つ

形 **flourishing** (繁栄する)

- flourishing industry (繁栄している産業)
- Watercolor painting flourished in Britain. (水彩画はイギリスで栄えた)

成長や持続可能性を意味する flourish は flower (花が咲く) に由来して「栄える」という意味があり、同語源に flour (小麦粉) やイタリア中部の都市 Florence (フィレンツェ)、スペイン語で花祭りを意味するアメリカの地名 Florida (フロリダ) がある。

□□□

isolate
[áisəlit]

動 孤立させる、隔離する

名 **isolation** (孤立、隔離)　形 **isolated** (孤立した)

- isolate a patient (患者を隔離する)
- The scientists were able to isolate the virus responsible for the outbreak. (科学者達はアウトブレイクの原因となったウイルスを分離することができた)

語源 isol (島) から孤立や分離のイメージができ、island (島) や peninsula (半島) と同語源。感染者が自発的に人との接触を避ける場合に使う self-isolate (自主隔離する) も覚えておこう。

Question 5

何回解いた？ □1回 □2回 □3回

解答目標タイム ⋯ 20秒

It takes (   ) strength of will to get up and go to work every single day for a low-paying, no benefit-earning, zero-prospects job.

A muscular
B lucrative
C remarkable

□ strength 名 力、強さ

Answer 5　正解　C　**remarkable**

It takes **remarkable** strength of will to get up and go to work every single day for a low-paying, no benefit-earning, zero-prospects job.

低賃金で福利厚生もなく将来性もない仕事に毎日出勤するのには並々ならぬ意志の強さが必要である。

strength of will（意思の強さ）を修飾する形容詞を選ぶ問題で、これと相性がいいのは(C)のremarkable（並々ならぬ）

選択肢の単語を全部覚えよう

□□□

muscular
[mʌ́skjələr]

形 筋肉の

名 **muscle**（筋肉）

▸ severe muscular pain（ひどい筋肉痛）
▸ Most athletes train hard to be muscular.
（多くのアスリートは筋肉質になるためにハードなトレーニングをしている）

muscularは「強くたくましい」という意味のほか、芸術的には「力強い」という意味もある。muscle（筋肉）は皮膚の下の筋肉の動作がネズミ（mouse）の動きに似ていることから。

□□□

lucrative
[lú:krətiv]

形 儲かる、利益の上がる

名 **lucre**（金銭的報酬）

▸ start a lucrative business（儲かるビジネスを始める）
▸ People often give up lucrative careers to pursue their dreams.
（人は夢を追うために、儲かる仕事をあきらめることがよくある）

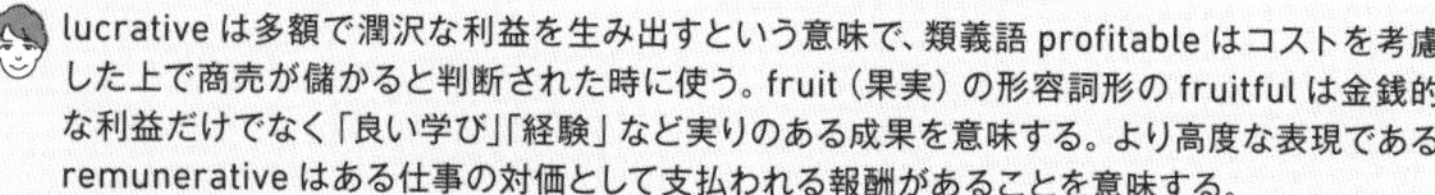
lucrativeは多額で潤沢な利益を生み出すという意味で、類義語profitableはコストを考慮した上で商売が儲かると判断された時に使う。fruit（果実）の形容詞形のfruitfulは金銭的な利益だけでなく「良い学び」「経験」など実りのある成果を意味する。より高度な表現であるremunerativeはある仕事の対価として支払われる報酬があることを意味する。

□□□

remarkable
[rimá:kəbl]

形 注目すべき、著しい

副 **remarkably**（著しく）

▸ make remarkable progress（めざましく発展する）
▸ People have remarkable memories about neighbourly disputes.
（人は隣人同士の争いについて驚くほど記憶しているものだ）

re（強調）＋mark（印）＋able（可能）が語源で、印が顕著に現れるイメージで「注目すべき」という意味になる。類義語はprominent（卓越した）striking（印象的なほど目立つ）conspicuous（人目につくほどはっきりと目立つ）distinguished（抜きん出ている）noticeable（目を引くほど顕著な）noteworthy（注目すべき）などがある。

何回解いた？ □1回 □2回 □3回

解答目標タイム ⋯ 20秒

Due to the demands of the new Internet shopper, many companies have had to ( ) the way in which they ship their goods.

A predict
B adjust
C deliver

□ ship 動 発送する

Answer 6　正解　B　**adjust**

Due to the demands of the new Internet shopper, many companies have had to **adjust** the way in which they ship their goods.
新しいインターネットショッパーの要求により多くの企業が商品の発送方法を調整する必要に迫られている。

ネットでものを買う需要により、どう発送するのかという文脈を考えると、(B) の adjust（調整する）が文意に合う

選択肢の単語を全部覚えよう

□□□

predict [pridíkt]
動 予言する、予測する
名 **prediction**（予言） 形 **predictable**（予想できる）

▸ predict the future（未来を予測する）
▸ Even scientists cannot predict earthquakes accurately.
（科学者でさえも地震を正確に予測できない）

pre（前に）+ dict（言う）という語源で「正確な情報に基づいて予言する」という意味になる。類義語は foretell（方法や手段を問わずに予言する）prophesy（神秘的な知識や霊感などで予言する）forecast（天気などを予想する）などがある。

□□□

adjust [ədʒʌ́st]
動 調節する
名 **adjustment**（調整）

▸ adjust the seat belt（シートベルトを調節する）
▸ The scheduled delivery has been adjusted due to insufficient stock.
（在庫不足のため予定納期を調整した）

ad（方向）+ just（正しい）という語源で、正しい方向に持っていき調整するイメージ。新生活のスタートに際し adjust to a new life（新しい生活に慣れる）という表現もよく使う。

□□□

deliver [dilívər]
動 配達する、述べる、伝える
名 **delivery**（配達）

▸ deliver an opening address（開会の辞を述べる）
▸ Companies guarantee to deliver their products on time.
（企業は製品の納期を保証する）

de（分離）+ liver（自由にする）という語源で、閉じ込められていたものが外に放たれて自由になるというイメージの多義語。IELTS は computer-delivered（コンピュータ版）でも受験できる。

何回解いた？ □1回 □2回 □3回

解答目標タイム … 15秒

Due to the opportunity cost of actually enjoying their free time, many young people have (　　　　) to second, and even third jobs.

A resigned
B pivoted
C dismissed

Answer **7** 正解 B **pivoted**

Due to the opportunity cost of actually enjoying their free time, many young people have **pivoted** to second, and even third jobs.

実際に自由な時間を楽しむための機会費用として多くの若者が第二、第三の仕事に軸足を移している。

前置詞の to を導ける動詞は「方向転換」を意味する (B) の pivoted

選択肢の単語を全部覚えよう

□□□

resign
[rizáin]

動 辞職する

名 **resignation** (辞任、放棄)
類 **give up** (手放す、やめる)

▸ resign due to a conflict of interest (利益相反により辞任する)
▸ Disgruntled citizens forced their mayor to resign.
(不満を抱いた市民が市長を辞職に追い込んだ)

語源は re (再び) + sign (印) でサインをして自らの意思で辞職する時に使われる。quit はきりをつけて仕事を辞める時、retire は定年を迎えて退職する時、step down はある理由により職を辞する時に使う。

□□□

pivot
[pívət]

名 旋回軸　動 回転する、方向転換する

形 **pivotal** (重要な)

▸ pivot to online sales (オンライン販売に方向転換する)
▸ It is not too late to pivot to a new target market.
(新しいターゲット市場に方向転換するのは今からでも遅くはない)

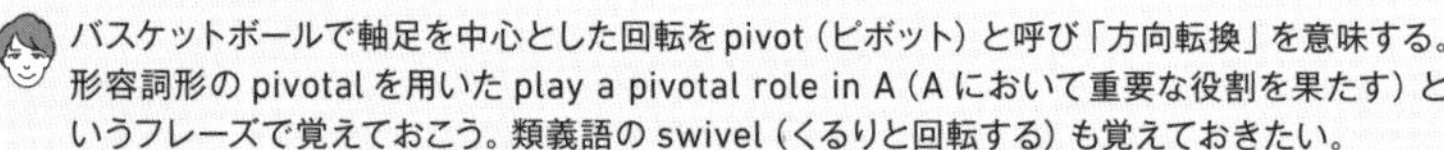

バスケットボールで軸足を中心とした回転を pivot (ピボット) と呼び「方向転換」を意味する。形容詞形の pivotal を用いた play a pivotal role in A (A において重要な役割を果たす) というフレーズで覚えておこう。類義語の swivel (くるりと回転する) も覚えておきたい。

□□□

dismiss
[dismís]

動 解雇する、考えを捨てる、集団などを解散させる

名 **dismissal** (解雇)

▸ dismiss a rumour (噂を払いのける)
▸ The manager had to dismiss his employee due to breach of contract.
(マネージャーは契約違反のために従業員を解雇しなければならなかった)

語源は dis (分離) + miss (送る) で別の離れた場所に送り解雇するという意味。missile (ミサイル) や missionary (宣教師) と同語源。類義語は fire (クビにする)、lay off (一時的に解雇する) などがある。dismiss は「解雇する」以外にも「(アイデアなどを) はねつける」という意味もある。

何回解いた？ □1回 □2回 □3回

解答目標タイム ··· 20秒

Inflation is at unprecedented levels, and even the cost of a pint of milk is so (　　　　) that many are seeking alternatives.

A priceless
B exorbitant
C inexpensive

□ alternative 名 取って代わるもの、代替品

Answer 8　正解 B　exorbitant

Inflation is at unprecedented levels, and even the cost of a pint of milk is so **exorbitant** that many are seeking alternatives.
インフレは未曽有のレベルであり、1パイントの牛乳でさえ法外な値段であるため多くの人が代替品を求めている。

主語の the cost の補語として適切な形容詞を選ぶ問題で、that 以下に「代替品を求めている」とあるため (B) の exorbitant (法外な) が文意に合う

選択肢の単語を全部覚えよう

□□□
priceless
[práisləs]
形 非常に貴重な
名 **price** (価格)

▶ priceless works of art (貴重な芸術作品)
▶ Museums around the world contain priceless artefacts.
(世界中の博物館には貴重な遺物が収められている)

priceless の接尾辞 less は「〜のない」「〜し難い」を意味するため「価値がない」と解釈してしまいがちだが、「価値がつけられないほど価値がある」で覚えておこう。類義語の invaluable (きわめて役に立つ) や beyond price (値段をつけられないほど高価な) も覚えておこう。

□□□
exorbitant
[igzɔ́:bətənt]
形 法外な、途方もない
類 **excessive** (過度な)

▶ charge an exorbitant price (法外な価格を請求する)
▶ It can be exorbitant to break a law. (法律をやぶるのは法外なことかもしれない)

exorbitant の語源は ex (外に) ＋ orbit (軌跡) なので軌跡を外れて常識から外れているイメージで prohibitively high (法外なまでに高額な) にパラフレーズできる。exorbitant interest (法外な利子) や exorbitant profit (法外な利益) なども覚えておこう。

□□□
inexpensive
[ìnikspénsiv]
形 費用のかからない、安い
反 **expensive** (費用のかかる)

▶ find an inexpensive solution (費用のかからない解決策を見つける)
▶ Canned fruits are fairly inexpensive compared to fresh ones.
(缶詰の果物は生の果物に比べてかなり安価だ)

in (否定) + expen (費やす) + sive (形容詞) が語源。expensive の反意語として使われるが、cheap は安っぽいというニュアンスがあり、inexpensive の方が上品な表現である。

何回解いた？ □1回 □2回 □3回

解答目標タイム … 20秒

The public transport system in the city has been funded almost entirely by fines generated from (　　　　) speed and red light cameras.

A state-of-the-art
B long-distance
C gas-guzzling

□ fine 名 罰金
□ generate 動 発生する

Answer 9 正解 A **state-of-the-art**

The public transport system in the city has been funded almost entirely by fines generated from **state-of-the-art** speed and red light cameras.

市内の公共交通機関は最新鋭の速度・赤信号監視カメラから発覚した罰金でほぼまかなわれている。

speed and red light cameras（速度・赤信号監視カメラ）と相性がいいのは（A）の state-of-the-art（最新鋭の）

選択肢の単語を全部覚えよう

□□□

state-of-the-art [steitəvðiáːt]

形 最新式の、最先端技術を用いた

類 **cutting-edge**（最先端の）

▸ state-of-the-art technology（最先端の技術）

▸ We have brand new state-of-the-art security cameras.
（我々は最新鋭の防犯カメラを導入している）

とても現代的なアイデアや方法が斬新であり新しいという意味で、技術面で最先端であるものによく使われる。

□□□

long-distance [lɔ́ŋdístəns]

形 長距離の 名 長距離電話

反 **short-distance**（短距離の）

▸ long-distance call（長距離通話）

▸ Long-distance relationships are increasingly feasible due to technology.
（遠距離恋愛はテクノロジーのおかげでますます実現可能になっている）

long-distance というと少し古いが「長距離電話」を連想する人も多いだろう。その他長距離をカバーしているものを修飾するときに使い、long-distance runner（長距離走者）や long-distance truck driver（長距離トラック運転手）などでも使う。

□□□

gas-guzzling [gǽsgʌ́zəliŋ]

形 大量に消費する

派 **gas-guzzler**（高燃費車）

▸ buy a gas-guzzling SUV（ガソリンを大量に消費する SUV を購入する）

▸ Switching from gas-guzzling vehicles is great for the environment.
（ガソリンを大量に消費する車からの乗り換えは環境にとって良いことだ）

gas-guzzling は自動車のガソリンを大量に消費することを意味する。guzzle は「暴飲暴食する」という意味で consume よりも大量に消費するニュアンスがあり、食べ物や飲み物以外にも使うことがある。

Question 10

何回解いた？ □1回 □2回 □3回

解答目標タイム ››› 15秒

The difficulty of living in the middle of a city is the ( ) sound of traffic, even in the middle of the night.

A dense
B incessant
C overpopulated

□ difficulty 名 難しさ、困難

Answer 10　正解 B　**incessant**

The difficulty of living in the middle of a city is the **incessant** sound of traffic, even in the middle of the night.
都会の真ん中で生活することの難しさは夜中でも絶え間なく聞こえる交通の音である。

sound of traffic（交通の音）と相性がいい形容詞は（B）の incessant（絶え間ない）

選択肢の単語を全部覚えよう

□□□

dense
[dens]

形 密集した

名 **density**（密度）
形 **densely-populated**（人口密度の高い）

▸ hide in a dense forest（密林に隠れる）
▸ It is ill-advised to drive in dense fog due to low visibility.
（濃霧の時は視界が悪いので運転は控えた方がよいだろう）

dense は population density（人口密度）をイメージすればわかるように密集して詰まっているという意味がある。同じ語源を持つ condense（凝結する）は牛乳に砂糖を加え沸騰させた condensed milk と関連づけて覚えよう。

□□□

incessant
[insésənt]

形 絶え間のない

動 **cease**（停止する）　名 **cessation**（休止、中断）
類 **ceaseless**（絶え間ない）

▸ incessant noise（絶え間ない騒音）
▸ I cannot abide her incessant chatter.
（私は彼女の絶え間ないおしゃべりに我慢がならない）

in（否定）+ ces（進む）で進まない状態から「絶え間ない」という意味になる。proceed（前進する）や succeed（成功する）と同語源。cessation は活動自体の休み、recess（休み）は活動の間の休みを指す。類義語の unremitting（間断のない）continuous（継続した）も覚えておこう。

□□□

overpopulated
[òuvəpɔ́pjulèitəd]

形 人口超過の

名 **overpopulation**（過密居住）

▸ get overpopulated rapidly（急速に人口過密になる）
▸ The reality is that we are living in an overpopulated world.
（現実には私達は人口過剰の世界に住んでいる）

over は「超える」という接頭辞で限度を超えているときに使われることが多く、overcooked（加熱しすぎた）や overbooked（過剰予約された）なども覚えておきたい。類義語に overcrowded（超満員の）や inundated（いっぱいの、殺到した）がある。類義語には overcrowded（超満員の）や inundated（いっぱいの、殺到した）がある。

単語ネットワーク

Topic 5

Society

このトピックで重要な単語をまとめています。こちらもチェックしましょう。

- □□□

run
[rʌ́n]

動 **経営する**
run my own company
自分自身の会社を経営する

- □□□

rule
[ruːl]

名 **規則**
break a school **rule**
校則を破る

- □□□

class
[klǽs]

名 **階級**
the lifestyle of the upper **class**
上流階級の生活様式

- □□□

issue
[íʃuː | ísjuː]

名 **問題**
discuss a social **issue**
社会問題を議論する

- □□□

labour
[léibər]

名 **労働**
a **labour** shortage in the industry
産業の労働不足

- □□□

crime
[kráim]

名 **犯罪**
prevent organised **crime**
組織犯罪を防止する

- □□□

social
[sóuʃəl]

形 **社会の**
social welfare system
社会福祉制度

- □□□

policy
[pɔ́lisi]

名 **政策**
Japan's foreign **policy**
日本の外交政策

- □□□

nation
[néiʃən]

名 **国家**
become an independent **nation**
独立国家になる

- □□□

govern
[gʌ́vərn]

動 **治める**
govern a country with justice and fairness
公正と公平を旨として国を治める

□□□

reform
[rifɔ́:m]

名 改革
implement structural **reform**
構造改革を実行する

□□□

status
[stéitəs | stǽtəs]

名 地位
acquire a high social **status**
高い社会的地位を得る

□□□

manage
[mǽnidʒ]

動 管理する
manage people in the company
会社の人々を管理する

□□□

election
[ilékʃən]

名 選挙
vote in an **election**
選挙で投票する

□□□

company
[kʌ́mpəni]

名 会社
work in a well-established **company**
安定した会社で働く

□□□

establish
[istǽbliʃ]

動 設立する
establish a charitable foundation
慈善団体を設立する

□□□

objection
[əbdʒékʃən]

名 反対
raise an **objection** to the plan
その計画に反対する

□□□

campaign
[kæmpéin]

名 運動
join an election **campaign**
選挙運動に参加する

□□□

guarantee
[gæ̀rəntí:]

動 保証する
guarantee job security
業務の安全を保証する

□□□

strike
[stráik]

名 ストライキ
call for a sit-down **strike**
座り込みストライキを呼びかける

- □□□

dispute
[dispjúːt]

名 紛争
settle an international **dispute**
国際紛争を解決する

- □□□

organise
[ɔ́ːgənàiz]

動 組織する
organise a team in the company
社内でチームを組織する

- □□□

undergo
[ʌ̀ndərgóu]

動 経験する
undergo an industrial revolution
産業革命を経験する

- □□□

murder
[mə́ːrdər]

名 殺人
witness a cold-blooded **murder**
冷血な殺人を目撃する

- □□□

structure
[strʌ́ktʃər]

名 構造
determine the management **structure**
経営構造を決定する

- □□□

criticism
[krítəsìzm]

名 批判
come under public **criticism**
国民の批判を受ける

- □□□

obligation
[ɔ̀bligéiʃən]

名 義務
impose a contractual **obligation**
契約上の義務を課す

- □□□

statement
[stéitmənt]

名 声明
make a public **statement**
公式声明を出す

- □□□

government
[gʌ́və(rn)mənt]

名 政府
negotiate with the federal **government**
連邦政府と交渉する

- □□□

organisation
[ɔ̀ːgənəzéiʃən]

名 組織
set up a political **organisation**
政治組織を設立する

- □□□

punishment
[pʌ́niʃmənt]

名 刑罰
a cruel and harsh **punishment**
残酷で厳しい刑罰

- □□□

cooperation
[kəuɔ̀pəréiʃən]

名 協力
promote international **cooperation**
国際協力を促進する

- □□□

settlement
[sétlmənt]

名 解決
reach a **settlement**
解決に至る

- □□□

employment
[implɔ́imənt]

名 雇用
obtain permanent **employment**
終身雇用を得る

- □□□

investigation
[invèstəgéiʃən]

名 調査
conduct a criminal **investigation**
犯罪調査を行う

- □□□

promotion
[prəmóuʃən]

名 昇進
receive an internal **promotion**
内部昇進する

- □□□

diplomatic
[dìpləmǽtik]

形 外交的な
establish a **diplomatic** relationship
外交的な関係を築く

- □□□

nationwide
[néiʃənwàid]

形 全国的な
hold a **nationwide** referendum
全国的に国民投票を行う

- □□□

contend
[kənténd]

動 強く主張する
contend the idea that God exists
神は存在するという事実を強く主張する

- □□□

propagate
[prɔ́pəgèit]

動 普及させる
propagate a religion in the city
その街で宗教を普及させる

短文穴埋め問題

Topic 6

Transport

解いて身につく頻出単語

101 ··· 120

Question 1

何回解いた？ □1回 □2回 □3回

解答目標タイム … 20秒

The current Silicon Valley dream is that human-driven cars will become (   ), as self-driving technology takes over.

A capable
B sufficient
C obsolete

□ current 形 現在の、最新の、進行中の

Answer 1 正解 C obsolete

The current Silicon Valley dream is that human-driven cars will become **obsolete**, as self-driving technology takes over.
現在のシリコンバレーの夢は、人間が運転する自動車が自動運転技術に取って代わられ廃れることだ。

human-driven cars（人間が運転する自動車）がどうなるかを選ぶ問題で as 以下に「自動運転技術が取って代わる」とあるため (C) の obsolete（廃れた）が文意に合う

選択肢の単語を全部覚えよう

□□□
capable
[kéipəbəl]

形 能力がある、可能な
名 **capability**（能力）
名 **incapable**（できない、無能な）

▸ rely on a capable lawyer（有能な弁護士に頼る）
▸ The shinkansen train is capable of travelling 320km/h.
（新幹線は時速 320km で走ることができる）

capable は効率的に結果を出す潜在的な能力があることを意味し、be capable of ~ing の形で使う。類義語は臨機応変で能力があるという意味の resourceful や、仕事において適性があるという意味の competent などがある。

□□□
sufficient
[səfíʃənt]

形 十分な
名 **sufficiency**（十分）

▸ gain sufficient knowledge about EV（＊ EV に関する十分な知識を得る）
▸ My salary was not sufficient to cover all living expenses.
（私の給料ではすべての生活費をまかなうことができなかった）
＊ EV=Electric Vehicle（電気自動車）

語源は suf（下に）+ fic（作る）で、下に十分積み上げてあるという意味。十分に条件を満たしている時に使い、enough より形式的な表現である。類義語は他にも adequate（適度に満たして十分な）plenty（かなりたくさんあり十分な）ample（余るほどあり十分な）などがある。

□□□
obsolete
[ɔ̀bsəlíːt]

形 廃れた
類 **disused**（廃れた）

▸ abolish an obsolete way of teaching（廃れた教え方を廃止する）
▸ Some gadgets become obsolete within a generation.
（一世代で陳腐化するガジェットもある）

もう使われていない言葉や習慣、技術などに用い、類義語は他にも outdated（古くさい）antiquated（古風な）old-fashioned（時代遅れの）out-of-date（時代遅れの）outmoded（流行遅れの）などがある。

何回解いた？ □1回 □2回 □3回

解答目標タイム … 20秒

Some researchers are predicting the (　　　　　) of flying vehicles within the next decade, which should revolutionise the way we travel.

A advent
B anecdote
C asymmetry

□ revolutionise 動 革命的に変化させる、大改革をもたらす

Answer 2　正解 A　**advent**

Some researchers are predicting the **advent** of flying vehicles within the next decade, which should revolutionise the way we travel.

今後10年以内に空飛ぶ車が出現し、私たちの移動手段に革命が起こると予測している研究者もいる。

空所の前にpredict（予測する）、後ろにflying vehicles（空飛ぶ車）とあるので、(A)のadvent（出現）を入れれば「空飛ぶ車の出現を予測している」となり文意に合う

選択肢の単語を全部覚えよう

advent
[ǽdvent]

名 出現、到来

類 **dawn**（始まり、兆し）　**birth**（誕生）

- with the advent of the wheel（車輪の出現と共に）
- This year marks the advent of the first motorised vehicle.
（この年は自動車が初めて登場した年である）

ad（方向）+ vent（行く）という構成の語。Adventは「キリスト降臨」を意味し、キリストが現れることから「出現、到来」という意味が生まれた。appearance（出現）はadventと比べて現れた後にすぐ消えてしまうようなイメージがある。

anecdote
[ǽnikdòut]

名 逸話、秘話

形 **anecdotal**（逸話の）

- tell an anecdote（逸話を語る）
- The teacher tried to make his point by using anecdotes.
（先生は逸話を交えながら自分の考えを伝えようとした）

世間に知られていない短めの興味深い話で、プレゼンテーションなどでも適宜用いることで場を和ませることができるのがanecdoteである。形容詞形のanecdotalは学術的な文脈では個人的体験であり、科学的な裏付けに乏しいという意味になる。

asymmetry
[æsímitri]

名 非対称性

形 **asymmetric**（非対称性の）

- have a degree of asymmetry（偏りがある）
- The brain scan showed a hemispheric asymmetry.
（脳のスキャンによって左右の脳の非対称性が明らかになった）

a（否定）+ sym（同じ）+ metry（測る）が語源で、左右非対称の髪型のことをアシンメトリーを略して「アシメ」と呼ぶ。否定を意味する接頭辞のaがつく英単語は他にもatheist（無神論者）apathy（無関心）などがある。

何回解いた？ □1回 □2回 □3回

解答目標タイム ··· 25秒

Introducing (　　　　) charges in high traffic areas can both incentivise more people to find alternative modes of transport, and bring in revenue for municipalities.

A diversion
B pedestrian
C congestion

□ incentivise 動 動機を与える、やる気を起こさせる
□ municipality 名 地方自治体

Answer 3 正解 C **congestion**

Introducing **congestion** charges in high traffic areas can both incentivise more people to find alternative modes of transport, and bring in revenue for municipalities.

交通量の多い地域に渋滞料金を導入することで、より多くの人が別の交通手段を利用するようになり、自治体にも収入がもたらされる。

空所の後ろにhigh traffic areas（交通量の多い地域）とあるので、(C)のcongestion（渋滞）を入れ、congestion charges（渋滞料金）とすれば文意に合う

選択肢の単語を全部覚えよう

□□□

diversion
[daivə́ːʃən]

名 迂回路、方向転換、気晴らし

動 **divert**（転換する）

▸ create a diversion（気を紛らわせる）
▸ There was a diversion of traffic due to a road accident.
（交通事故による迂回路があった）

語源は di（分離）+ vers（回転）で違った方向に向かっていくイメージがある。イギリスでバスに乗るとdiversion（迂回路）に変更になったというアナウンスが流れることが多々ある。

□□□

pedestrian
[pədéstriən]

名 歩行者　形 歩行者の

類 **walker**（歩行者、歩行器）

▸ cross a pedestrian bridge（歩道橋を渡る）
▸ Some pedestrians disturb the flow of traffic.（交通の流れを乱す歩行者もいる）

ped（足）＋ str（道）+ ian（人）という構成の語。足で漕ぐ pedal「ペダル」や足で歩いた数を計る pedometer（歩数計）、足をケアする pedicure（ペディキュア）と同じ語源。さらに接頭辞の ex（外に）と ped を組み合わせると「外に足を運ぶこと」から expedition（探検）となり、接頭辞の im（中に）と ped を組み合わせると「中に足を踏み入れる」から impede（妨げる）となる。

□□□

congestion
[kəndʒéstʃən]

名 渋滞、混雑、密集

動 **congest**（混雑させる）

形 **congested**（混雑している）

▸ reduce traffic congestion（交通渋滞を減らす）
▸ Much of the city is congested at rush hour.
（ラッシュアワーには街のあちこちで渋滞が発生する）

道路が渋滞していること以外にモノやコトが密集して問題が生じる時にも使う。類義語は一杯に詰め込まれた packed や、不快感を与えるほど詰め込まれた crammed などがある。また医学用語で congestion は「充血」を意味するのでチェックしておこう。

何回解いた？ □1回 □2回 □3回

解答目標タイム … 20秒

A number of (   ) developments have been abandoned in New Delhi due to lack of investment and corruption in the building industry.

A high-rise
B first-class
C man-made

□abandon 動 放棄する、断念する
□corruption 名 腐敗

Answer 4 正解 A **high-rise**

A number of **high-rise** developments have been abandoned in New Delhi due to lack of investment and corruption in the building industry.

ニューデリーでは投資不足と建築業界の腐敗により多くの高層ビル開発が放棄された。

空所の後ろの development を修飾し、building industry（建設業界）という文脈に合うのは (A) の high-rise（高層の）

選択肢の単語を全部覚えよう

□□□

high-rise
[hàiráiz]

形 高層（ビル）の

類 **skyscraper**（名 高層ビル、超高層ビル、摩天楼）

▸ rent a high-rise condominium（高層マンションを賃貸する）
▸ There are many high-rise buildings in central Tokyo.
（東京都心部には高層ビルが多い）

現代的なタワーマンションや高層マンションなどを high-rise apartment や high-rise condominium と呼ぶ。high が付く複合形容詞が付いた表現には high-stress job や high-quality brand などがある。コロケーションで覚えよう。

□□□

first-class
[fə́:rs(t)klǽs]

形 一流の、最高級の

類 **excellent**（優秀な）　**exclusive**（高級な）
finest（見事な）　**top-notch**（一流の）

▸ have a first-class experience（ファーストクラスの体験をする）
▸ First-class tickets can cost up to 10 times more than an economy class ticket.
（ファーストクラスの航空券はエコノミークラスの航空券の最大 10 倍の値段になることもある）

日本語では飛行機の座席のランクを表す時に使うが、英語では「最も良い」という意味。イギリスの大学で「優良成績」は a first-class degree と呼ばれる。

□□□

man-made
[mǽnméid]

形 人工の

類 **artificial**（人工の）　**synthetic**（人工の、合成の）

▸ create man-made materials（人工物を造る）
▸ The Chernobyl meltdown is still considered one of the biggest man-made disasters.（チェルノブイリのメルトダウンは今でも最大の人災の一つと言われている）

man は「人間」、made は「作られた」によって構成される man-made は名詞と過去分詞から成る複合形容詞である。made が付く複合形容詞は他にも ready-made（既製の）や tailor-made（注文仕立ての）などがある。

何回解いた？ □1回 □2回 □3回

解答目標タイム … 20秒

City dwellers are encouraged to (　　　　) a range of public transport in an attempt to reduce the amount of carbon emissions.

A hire
B disturb
C utilise

□ dweller 名 住人
□ emission 名 放出、排出

Answer **5** 正解 B **utilise**

City dwellers are encouraged to **utilise** a range of public transport in an attempt to reduce the amount of carbon emissions.
都市に住む人々は様々な公共交通機関を利用し、二酸化炭素の排出量を削減するよう奨励されている。

二酸化炭素の排出量を減らすために奨励されるのは public transport（公共交通機関）を utilise（利用する）ことであるため (B) が正解

選択肢の単語を全部覚えよう

□□□

hire
[háiə]

動 一時的に借りる、雇う　名 賃借り、雇用
類 **employ**（雇用する）

▸ hire a tandem bicycle by the hour（タンデム自転車を時間単位で借りる）
▸ The alumni plan to hire a limo for the event.
（卒業生らはイベント用にリムジンをレンタルする予定である）

hire はお金を払って一時的に物を借りたり雇ったりする時に使われ、rent はお金を払って貸し借りしたり土地を賃借したりする時に使い、charter は団体用に乗り物を借りるときに使う。

□□□

disturb
[distə́:b]

動 ～をかき乱す、騒いで邪魔する
名 **disturbance**（妨害、騒動）
形 **disturbing**（気がかりな）

▸ disturb daily life（日常生活に支障をきたす）
▸ The loud noise disturbed my concentration.
（大きな騒音のせいで集中できなかった）

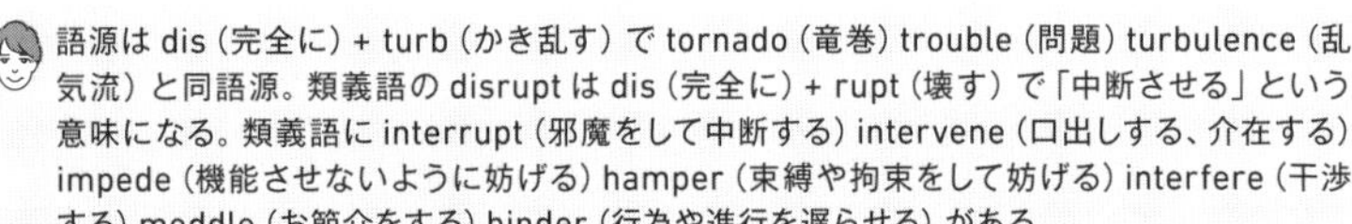

語源は dis（完全に）+ turb（かき乱す）で tornado（竜巻）trouble（問題）turbulence（乱気流）と同語源。類義語の disrupt は dis（完全に）+ rupt（壊す）で「中断させる」という意味になる。類義語に interrupt（邪魔をして中断する）intervene（口出しする、介在する）impede（機能させないように妨げる）hamper（束縛や拘束をして妨げる）interfere（干渉する）meddle（お節介をする）hinder（行為や進行を遅らせる）がある。

□□□

utilise
[jú:təlàiz]

動 利用する　米 utilize
名 **utilisation**（利用）　名 **utility**（有用）
類 **employ**（使用する）

▸ utilise a patented technology（特許取得済みの技術を利用する）
▸ Diesel engines utilise a compression-ignited injection system.
（ディーゼルエンジンは圧縮着火式噴射装置を採用している）

utilise は make use of A（A を有効活用する）にパラフレーズでき、make good use of A（A を上手く活用する）や make profitable use of A（A の有益な活用をする）と表現の幅を広げられる。

何回解いた？ □1回 □2回 □3回

解答目標タイム … 20秒

RVs, or recreational vehicles, can be used to both travel and (   ) the traveller, and are popular for camping and road trips.

A traverse
B navigate
C accommodate

□ recreational 形 楽しみを得るための、娯楽の

Answer 6 正解 C **accommodate**

RVs, or recreational vehicles, can be used to both travel and **accommodate** the traveller, and are popular for camping and road trips.

RV（レクリエーショナル・ビークル）は旅行と宿泊の両方に使用でき、キャンプやドライブ旅行で人気がある。

空所の後ろにtravellerが来ており、主語はRV車なので、(C)のaccommodate（宿泊させる）が文意に合う

選択肢の単語を全部覚えよう

□□□

traverse
[trəvʌ́rs]

動 横切る、横断旅行する
名 横切ること、横断旅行

類 **go across**（横切る）

▸ traverse from east to north（東から北へ横断旅行する）
▸ The ship traversed the ocean in just 3 days.（その船はわずか3日で海を横断した）

語源はtra（横切る）+ verse（回転）で反対方向を向くversus（対）や別の方向を向くdivorce（離婚）、後ろに回転するreverse（逆にする）と同語源。類義語にtrek（旅する、移動する）roam（歩き回る）trip（旅する）travel（旅行する）などがある。

□□□

navigate
[nǽvigèit]

動 操縦する、航海する、案内する、通り抜ける

名 **navigation**（航海） 形 **navigational**（航海の）
名 **navigator**（航海士、自動操縦装置）

▸ navigate around the world（世界中を航海する）
▸ The astronaut navigates the spacecraft to avoid colliding with space debris.（宇宙飛行士は宇宙ゴミとの衝突を避けるために宇宙船を操縦する）

navigateのnavは「船」という語源があり、車のナビ（car navigation）も船の航海に由来する。navy（海軍）やnausea（船酔い）と同語源である。またfind one's bearings（自分のいる方角を知る）も覚えておこう。

□□□

accommodate
[əkɔ́mədèit]

動 宿泊させる、適応させる、収容する

名 **accommodation**（収容、適応、宿泊）

▸ accommodate customers' needs（客のニーズに応える）
▸ A minivan can easily accommodate a family of five.
（ミニバンなら家族5人が楽に乗れる）

語源はac（方向）+ com（共に）+ mod（様式）で様式に合わせて調整し、モノや人を取り込むイメージ。accommodate oneself toで「（新しい環境など）に順応する」も覚えておこう。

何回解いた？ □1回 □2回 □3回

解答目標タイム … 15秒

Small car parks are (　　　　) evenly across the neighbourhood, to make up for the lack of on-street parking.

A displaced
B dispatched
C distributed

□ evenly 副 均等に、一様に
□ on-street 形 路上の

Answer
7 正解 C **distributed**

Small car parks are **distributed** evenly across the neighbourhood, to make up for the lack of on-street parking.
路上駐車場の不足を補うために小さな駐車場が近隣に均等に配置されている。

空所の後ろの evenly（均等に）と相性がいいのは（C）の distributed（分散して配置されている）

選択肢の単語を全部覚えよう

□□□
displace
[displéis]
動 移動する、退去させる
名 **displacement**（転置、置換）

- displace wildlife from their natural habitats
（野生生物を生息地から追い出す）
- The construction of the tower will displace several families living in the area.（タワーの建設によりこの地域の数世帯は立ち退きを余儀なくされることになる）

displace は押しのけるように取って代わる時に使われ、追い出すイメージが強くある。類義語の replace は他のものに取って代わるという意味である。

□□□
dispatch
[dispǽtʃ]
動 発送する、派遣する、処刑する　名 発送、派遣
類 **send off**（発送する）

- dispatch an army（軍隊を派遣する）
- The police were dispatched to deal with the disturbance in the neighbourhood.（近所の騒動に対処するために警察が派遣された）

dispatch は「処理の手早さ」という意味があり、with dispatch（至急に）と表現できる。

□□□
distribute
[distríbju(:)t]
動 配置する、配る、配布する
名 **distribution**（配分、分配）
動 **redistribute**（～を再分配する）

- distribute maps to the tourists（旅行者に地図を配布する）
- Amazon has huge warehouses from which it distributes goods.
（アマゾンは巨大な倉庫を持ち、そこから商品を流通させている）

dis（分離）+ tribute（与える）という語源でモノを配る動作から「配置する」が連想できる。hand out（～を分配する）よりも堅い表現。類義語に allocate（～を分配する）がある。

何回解いた？ □1回 □2回 □3回

解答目標タイム … 20秒

Older generations may consider sightseeing a (　　　　) of getting to know the places they visit, but many younger people seek out unique experiences free of other tourists.

A itinerary
B privilege
C heritage

□ generation 名 世代
□ sightseeing 名 観光、見物

Answer 8　正解 B　**privilege**

Older generations may consider sightseeing a **privilege** of getting to know the places they visit, but many younger people seek out unique experiences free of other tourists.
年配の方は観光することはその地を知れる特権と考えるかもしれないが、若い人の多くは他の観光客とは違うユニークな体験を求める。

SVOC の文型をとる consider の目的語が sightseeing（観光）なので、補語として文意に合うのは (B) privilege（特権）

選択肢の単語を全部覚えよう

□□□
itinerary
[aitínərèri]
名 旅程　形 旅行の
類 **travel plan**（旅程）

- make a detailed itinerary（詳細な旅程を作る）
- The tour company offered a customisable itinerary for its customers.
（ツアー会社は顧客にカスタマイズ可能な旅程を提供した）

itinerary の it には「行く」という語源があり、vis（見る）＋ it（行く）の visit（訪問する）や ex（外に）＋ it（行く）の exit（出口）と同語源である。

□□□
privilege
[prívəlidʒ]
名 特権、特典
形 **privileged**（特権を持つ、特権的な）

- gain the privilege of free transport（無料送迎の特典を得る）
- It is a privilege to be able to travel outside your own country.
（自分の国の外を旅することができるのは特権である）

語源は priv（個人の）+ leg（法律）で「特権」を意味し、privacy（プライバシー）と legal（合法な）と同語源である。

□□□
heritage
[hérətidʒ]
名 遺産、伝統
類 **legacy**（先祖や先人の遺産）

- visit a world heritage site（世界遺産を訪れる）
- Cultural heritage should be handed down to future generations.
（文化遺産は後世に伝えられるべきである）

heritage は過去に作られた建築物や伝統、言語のことを指し、語源は heri（受け継ぐ）で heir（相続人、後継者）や inherit（受け継ぐ）と同語源。tangible heritage（有形遺産）と intangible heritage（無形遺産）も覚えておきたい。

何回解いた? □1回 □2回 □3回

解答目標タイム … 20秒

(   ) new trains offer fast, reliable transportation between big commercial hubs and passengers can even enjoy the landscape as they travel in comfort and style.

A Bustling
B Revolting
C Sophisticated

□ reliable 形 信頼できる、確実な
□ hub 名 中心地、拠点

Answer 9 正解 C **Sophisticated**

Sophisticated new trains offer fast, reliable transportation between big commercial hubs and passengers can even enjoy the landscape as they travel in comfort and style.

洗練された新しい列車は大きな商業拠点間を迅速かつ確実に移動し、乗客は快適かつスタイリッシュに列車で旅をしながら風景を楽しむこともできる。

空所の後ろの new trains（新しい列車）と相性がいい形容詞は (C) の Sophisticated（洗練された）

選択肢の単語を全部覚えよう

□□□

bustling
[bʌ́sliŋ]

形 賑わっている、活気のある

動 **bustle**（忙しく動き回る）

▸ bustling with people（人々で賑わう）
▸ The restaurant was bustling with people during lunch hour.
（ランチタイムの店内は多くの人で賑わっていた）

bustling city というと人々が行き交い活気に満ちた街を意味する。hustle and bustle（喧騒）もよく使われる表現なので覚えておこう。

□□□

revolting
[rivóultiŋ]

形 不快な、嫌悪感のある

名 **revolt**（不快、小規模な反乱）
形 **revoltingly**（反抗的な）

▸ get rid of a revolting habit（不快な習慣をなくす）
▸ Many foreigners find natto revolting.（外国人の中には納豆に嫌悪感を抱く人も多い）

語源は re（再び）+ volt（回転）で現状をひっくり返して反乱するという意味になり、形容詞形の revolting は嫌いな食べ物に対してなどゾワゾワする嫌な感じを修飾するときに使う。volume（巻物、本の1巻）や revolution（革命）と同語源である。

□□□

sophisticated
[sʌfistikèitəd]

形 洗練された、教養のある

動 **sophisticate**（洗練させる） 類 **refined**（上品な）

▸ have a sophisticated way of talking（洗練された話し方をする）
▸ A sophisticated traffic light system can improve congestion.
（高度な信号システムにより渋滞を改善することができる）

教育や経験を通して磨かれていったことを表す形容詞で、考え方や態度が洗練されていること、文体や作品などが高尚で技巧を凝らしたものであることを描写する時に使う。

何回解いた？ □1回 □2回 □3回

Question 10

解答目標タイム ··· 20秒

One (　　　　　) of internationalisation is the increase in high-emission travel, and the incidental costs of the airline industry.

A landmark
B blackout
C drawback

□ internationalisation 名 国際化
□ incidental 形 付帯的な、付随的な

Answer 10 正解 C drawback

One **drawback** of internationalisation is the increase in high-emission travel, and the incidental costs of the airline industry.
国際化の欠点として排出量の多い旅行が増え航空業界の付帯コストが発生することがあげられる。

文章の後半では国際化のネガティブな内容が書かれているため (C) の drawback (欠点) が文意と合う

選択肢の単語を全部覚えよう

□□□
landmark
[lǽndmà:k]

名 目印、陸標、ランドマーク

類 **milestone** (道標) **turning point** (岐路)

▸ visit a historical landmark (歴史的なランドマークを訪問する)
▸ Landmarks are useful when giving directions.
(目印になるものは道案内をするときに便利である)

landmark は「目印となるような陸上のもの」を指し、Tokyo Tower (東京タワー) や Mt. Fuji (富士山) など自然物や人工物にも使われる。landmark には「歴史的に重要な出来事」という意味もあり、重要な発展につながるような印となる出来事を指す。

□□□
blackout
[blǽkàut]

名 停電

類 **outage** (停電)

▸ cause a nationwide blackout (全国的な停電を引き起こす)
▸ Blackouts refer to the loss of electricity in a given area.
(停電とはある地域の電気が使えなくなることを指す)

blackout は「停電」という意味のほか、真っ暗になるということから「一時的な意識喪失」や「記憶喪失」、そして「物忘れ」という意味もある。

□□□
drawback
[dró:bæk]

名 欠点、短所

類 **disadvantage** (不利な立場) **pitfall** (落とし穴) **negative aspect** (マイナス面)

▸ identify the only drawback of helicopters (ヘリコプターの唯一の欠点を特定する)
▸ There are no drawbacks to increased mobility.
(機動性が高まるということに欠点はない)

IELTS ライティング Task2 は賛成・反対型エッセイが出題されるため、ネガティブな要素に言及する際に One of the drawbacks of A is B. のように活用できる。

単語ネットワーク

Topic 6

Transport

このトピックで重要な単語をまとめています。こちらもチェックしましょう。

-□□□

sign
[sain]

名 **標識**
ignore a **sign** due to negligence or carelessness
過失や不注意により標識を無視する

-□□□

traffic
[trǽfik]

形 **交通の**
follow a **traffic** signal
信号に従う

-□□□

garage
[gǽrɑːʒ]

名 **ガレージ**
park a car in the **garage**
ガレージに車を停める

-□□□

castle
[kǽsl]

名 **城**
visit a splendid **castle**
素晴らしい城を訪れる

-□□□

access
[ǽkses]

名 **アクセス**
have easy **access** to Tokyo
東京への交通の便がいい

-□□□

dwell
[dwél]

動 **住む**
dwell in a cave
洞窟に住む

-□□□

voyage
[vɔ́iidʒ]

名 **航海**
embark on a **voyage**
航海に乗り出す

-□□□

track
[trǽk]

名 **進路**
stay on the right **track**
正しい進路を進む

-□□□

agency
[éidʒənsi]

名 **代理店**
call a travel **agency**
旅行代理店に電話する

-□□□

passenger
[pǽsəndʒər]

名 **乗客**
carry 1,000 **passengers**
1000 人の乗客を運ぶ

□□□

pedestrian
[pədéstriən]

形 **歩行者の**
cross a **pedestrian** bridge
歩道橋を渡る

□□□

accident
[ǽks(i)dənt]

名 **事故**
die in a car **accident**
交通事故で亡くなる

□□□

suburb
[sʌ́bəːb]

名 **郊外**
live in a house in the **suburbs**
郊外にある家に住む

□□□

location
[loukéiʃən]

名 **場所**
find the **location** on Google Maps
グーグルマップで場所を見つける

□□□

expedition
[èkspədíʃən]

名 **遠足**
set out on an **expedition**
遠足に出かける

□□□

boundary
[báundəri]

名 **境界線**
mark the **boundary**
境界線を引く

□□□

mountainous
[máuntənəs]

形 **山の**
in the **mountainous** region
山岳地帯で

□□□

departure
[dipáːtʃə]

名 **出発**
announce a late **departure**
出発遅延を知らせる

□□□

volume
[vɔ́ljuːm]

名 **量**
reduce the **volume** of traffic
交通量を減らす

□□□

motorway
[móutərwèi]

名 **高速道路**
reduce speed on the **motorway**
高速道路で減速する

□□□

landscape
[lǽn(d)skèip]

名 **風景**
protect rural **landscapes**
農村の風景を保護する

□□□

continent
[kɔ́ntənənt]

名 **大陸**
travel across the **continent**
大陸を横断する

□□□

direction
[dərékʃən]

名 **方向**
indicate a wrong **direction**
間違った方向を示す

□□□

detour
[dí:tuər]

名 **迂回**
take a **detour** through the woods
森の中を迂回する

□□□

palace
[pǽləs]

名 **宮殿**
live in a **palace**
宮殿に住む

□□□

crowded
[kráudid]

形 **混雑した**
a **crowded** area in Tokyo
東京の混雑したエリア

□□□

regulation
[règjuléiʃən]

名 **規則**
comply with traffic **regulations**
交通規則に従う

□□□

collision
[kəlíʒən]

名 **衝突**
witness a five-car **collision**
車５台の衝突を目撃する

□□□

pavement
[péivmənt]

名 **歩道**
cycle on the **pavement**
歩道を自転車で走る

□□□

regional
[rí:dʒənəl]

形 **地域の**
explore **regional** differences
地域の差を探る

- □□□

delivery
[dilívəri]

名 **配達**
pay a **delivery** fee
送料を支払う

- □□□

turbulence
[tə́:bjələns]

名 **乱気流**
fly through a pocket of **turbulence**
乱気流の空域を通り抜ける

- □□□

destination
[dèstənéiʃən]

名 **目的地**
reach a tourist **destination**
観光地に到着する

- □□□

observatory
[əbzə́:vətɔ̀:ri]

名 **天文台**
go stargazing at the **observatory**
天文台へ天体観測をしに行く

- □□□

prosperous
[prɔ́spərəs]

形 **繁栄した**
visit a **prosperous** town
繁栄した街を訪れる

- □□□

infrastructure
[ínfrəstrʌ̀ktʃər]

名 **インフラ**
well-developed **infrastructure**
十分に開発されたインフラ

- □□□

indicate
[índikèit]

動 **示す**
indicate the location of the treasure
宝の在り処を示す

- □□□

subterranean
[sʌ̀btəréiniən]

形 **地中の**
explore a **subterranean** maze
地中の迷宮を探索する

- □□□

illuminate
[ilú:mənèit]

動 **照らす**
illuminate the trees of the campus
キャンパスにある木を照らす

- □□□

nomadic
[noumǽdik]

形 **遊牧の**
join a **nomadic** caravan
遊牧のキャラバンに参加する

短文穴埋め問題

Topic 7

Health

解いて身につく頻出単語

121 ··· 140

Question 1

何回解いた？ □1回 □2回 □3回

解答目標タイム … 15秒

High-fibre vegetables are not only (   ) but also help keep your digestive system healthy and regulated.

A ancient
B anxious
C nutritious

□ digestive 形 消化の

Answer 1 正解 C **nutritious**

High-fibre vegetables are not only **nutritious** but also help keep your digestive system healthy and regulated.
食物繊維の多い野菜は栄養価が高いだけでなく消化器官を健康に保ち、整えるのに役立つ。

主語はvegetables（野菜）で空所の後ろに野菜の良い点が続いているので、(C)のnutritious（栄養のある）が文意に合う

選択肢の単語を全部覚えよう

□□□

ancient
[éinʃənt]

形 古代の 名 古代人

副 **anciently**（昔は、古代には）

▸ remains of an ancient civilisation（古代文明の遺跡）
▸ The ancient Egyptians knew a lot about the human body.
（古代エジプト人は人間の肉体についてよく知っていた）

語源 anc（前に）+ ient（形容詞）から「前の時代」。千数百年以上の、非常に長い時間を経ていることを意味する語である。ancestor（先祖）antique（骨董品）archaic（古風な）などが同語源である。

□□□

anxious
[æŋkʃəs]

形 心配して、気がかりで、切望して

名 **anxiety**（不安、懸念）

▸ show an anxious look（心配そうな顔を見せる）
▸ Everybody was anxious to know what had happened.
（誰もが何が起こったのか知りたがっていた）

anxious には be anxious to…（～したいと切望する）と be anxious about…（～が心配である）の 2 つの用法があるため注意が必要。名詞形の anxiety（不安、心配事）は worry（心配）や concern（懸念）と同様の意味で使われる。

□□□

nutritious
[nju:tríʃəs]

形 栄養のある

名 **nutrition**（栄養） 名 **nutrient**（栄養素）
形 **nutritional**（栄養上の）

▸ a nutritious ingredient（栄養価の高い食材）
▸ Nutritious vegetables are expensive.（栄養価の高い野菜は値段が高い）

nutri（養う）が語源で、nurse（看護師）やnursery（託児所）も同じ。形容詞形はnutritious（栄養のある）と nutritional（栄養上の）の 2 つが存在し、nutritious は「栄養が含まれている」ことを強調する。nutritional は「栄養に関する」という意味。nutritious vegetables（栄養価の高い野菜）、nutritional information（栄養成分表示）で覚えておきたい。

Question 2

何回解いた？ □1回 □2回 □3回

解答目標タイム … 20秒

Human activities, such as hunting rare animals or whaling, cause disruption of ecological balances and a clear example can be seen in Japanese (　　　　).

A range
B cuisine
C lockdown

□ **disruption** 名 (外的要因による) 混乱、崩壊

Answer 2　正解　B　**cuisine**

Human activities, such as hunting rare animals or whaling, cause disruption of ecological balances and a clear example can be seen in Japanese **cuisine**.

希少動物の捕獲や捕鯨など、人間の活動が生態系のバランスを崩していることは、日本食に顕著に表れている。

捕獲や捕鯨が顕著に現れるものとしてJapanese（日本の）に続くのに相応しいのは(B)のcuisine（料理）

選択肢の単語を全部覚えよう

□□□

range
[réindʒ]

名 範囲　動 並べる、整列させる

類 **extent**（範囲）

▸ treat a broad range of illnesses（幅広い病気を治療する）
▸ Doctors have a wide range of skills.（医師は様々な技術を持っている）

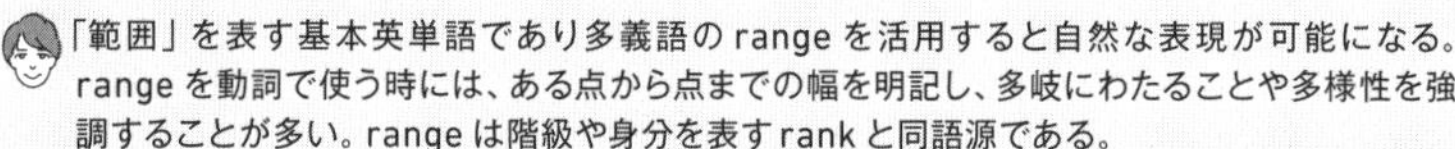

「範囲」を表す基本英単語であり多義語のrangeを活用すると自然な表現が可能になる。rangeを動詞で使う時には、ある点から点までの幅を明記し、多岐にわたることや多様性を強調することが多い。rangeは階級や身分を表すrankと同語源である。

□□□

cuisine
[kwizíːn]

名 料理、（高級料理の）調理法、食事

類 **gastronomy**（美食学、料理法）

▸ enjoy Italian cuisine（イタリア料理を楽しむ）
▸ South Korea is world famous for its spicy cuisine.
（韓国は辛い料理で世界的に有名である）

cuisineはフランス語「台所」に由来し、traditional cuisine（伝統料理）やJapanese cuisine（日本料理）など、地域や伝統に結びついた料理方法を示すことが多い。mealは時間と結びついた食事で朝食・昼食・夕食など、dishは特別な方法で調理された食事、dietは規定食や制限食といった治療や減量を目的とした食事を意味する。

□□□

lockdown
[lɔ́kdòun]

名 都市封鎖

▸ impose strict lockdown measures（都市封鎖策を行使する）
▸ The government announced a 21-day lockdown.
（政府は21日間の都市封鎖を発表した）

shutdownはレストランなどや公共施設を閉鎖することを意味するが、lockdownはより強力な措置を意味し、全道路、全交通機関の封鎖なども行われる。関連表現のstay-at-home order（自宅待機命令）やshelter-in-place order（屋内退避命令）も覚えておきたい。

Question 3

何回解いた? □1回 □2回 □3回

解答目標タイム ››› 20秒

My grandmother's dementia made her final years a (　　　　) period both for her and her loved ones who had to witness her deterioration.

A therapeutic
B turbulent
C terminal

□ dementia 名 認知症
□ deterioration 名 悪化、劣化

Answer 3 正解 B **turbulent**

My grandmother's dementia made her final years a **turbulent** period both for her and her loved ones who had to witness her deterioration.

祖母は認知症でその晩年は本人にとってもそれを見守る家族にとっても激動の時代であった。

空所の後ろの period（期間）と相性がいいのは（B）の turbulent（激動の）

選択肢の単語を全部覚えよう

□□□

therapeutic [θèrəpjúːtik]

形 癒す力のある

名 **therapy**（治療）

- book a therapeutic massage（セラピーマッサージを予約する）
- Moderate exercise can be therapeutic.（適度な運動は癒しになりうる）

therapeutic はストレスが溜まっている時に気分が良くなるような活動や運動をしたり、犬に囲まれたり、お香を焚いたりして部屋でリラックスする時などに使われる。関連して R&R（Rest and Relaxation）という「休養」を意味する表現も覚えておこう。類義語に curative（治療の、病気に効く）がある。

□□□

turbulent [tə́ːbjələnt]

形 激動の、動乱の、天候が荒れ狂う

名 **turbulence**（乱気流） 類 **stormy**（嵐の）

- turbulent period in life（七転び八起き）
- Epidemics can be turbulent for small communities.（小さなコミュニティにとって疫病は波乱をもたらすものである）

turbulent の tur はギリシャ語の tornos「円を描くための道具」に由来し、「回転」から「かき乱す」イメージがある。turn（回転させる）tornado（竜巻）trouble（問題）disturb（かき乱す）が同語源である。

□□□

terminal [tə́ːmənəl]

形 終点の、末期の 名 終着駅

動 **terminate**（終える） 名 **terminus**（終着駅）

- recover from terminal illness（末期の病気から回復する）
- The patient reached the terminal stage of his cancer.（患者ががんの末期を迎えた）

term の語源はローマ神話の Terminus（テルミヌス）は財産やコミュニティの境界を守る「境界神」に由来し、「限界」の意味。term（期間）determine（決心する、終結させる）terminology（専門用語）などが同語源である。

Question 4

何回解いた？ □1回 □2回 □3回

解答目標タイム ••• 20秒

Poor hygiene practices, inadequate infrastructure, and lack of health education ( ) to the frequency of disease outbreaks in developing countries.

A consults
B contradicts
C contributes

□ hygiene 名 衛生状態
□ outbreak 名 大流行、急激な増加

Answer 4　正解 C　contributes

Poor hygiene practices, inadequate infrastructure, and lack of health education **contributes** to the frequency of disease outbreaks in developing countries.

途上国では衛生習慣の不備、インフラの未整備、健康教育の欠如などが病気の発生頻度を高める一因となっている。

空所の後ろに前置詞の to があるので (C) contributes を入れれば、contribute to (～の一因である・～に寄与する) という文法上・意味上適切な形ができあがる

選択肢の単語を全部覚えよう

□□□

consult
[kənsʌ́lt]

動 相談する、調べる

名 **consultation** (相談)　**consultant** (相談相手)

▸ consult about an issue (問題について相談する)
▸ The patient made an appointment to consult his doctor.
(患者は主治医に相談するために予約を入れた)

医療関係では医者や専門家に助言を求めたり相談したりする時に使うが、consult a dictionary (辞書を調べる) も頻出なので覚えておこう。

□□□

contradict
[kɔ̀ntrədíkt]

動 矛盾する、反論する

名 **contradiction** (矛盾)
形 **contradictory** (議論好きな)

▸ contradict an argument (主張と矛盾する)
▸ This research contradicts existing guidance on safe alcohol consumption. (この研究はこれまでの安全な飲酒に関する手引きと矛盾する)

contra (反対に) + dic (言う) という構成の語。言われたことと反対のこと (＝矛盾) となる。接頭辞の contra は contrast (対照) や controversy (論争) と同語源で dic (言う) は dictionary (辞書) や dictation (書き取り) と同語源である。

□□□

contribute
[kəntríbju:t]

動 一因となる、貢献する、寄付する

名 **contribution** (貢献)

▸ contribute a large sum of money (大金を寄付する)
▸ Migration can contribute to the spread of disease.
(移住は病気の蔓延を助長する可能性がある)

con (共に) + tribute (与える) という語源の contribute は「貢献する、寄付する」のほか「一因となる」という意味もありネガティブなことにも使う。

Question
5

何回解いた？ □1回 □2回 □3回

解答目標タイム … 20秒

The difference between an ( ) and a pandemic is the degree of spread — the further a disease spreads, the more likely it is to be classified a pandemic.

A malaria
B diabetes
C epidemic

□pandemic 名 パンデミック、大流行病
□classify 動 分類する

Answer 5　正解　C　**epidemic**

The difference between an **epidemic** and a pandemic is the degree of spread — the further a disease spreads, the more likely it is to be classified a pandemic.

流行病と大流行病の違いはその広がりの度合いであり、広がれば広がるほど大流行病に分類される可能性が高くなる。

pandemic（大流行病）と並列して文脈と合うのは（C）の epidemic（流行病）

選択肢の単語を全部覚えよう

□□□

malaria

[məlɛ̀əriə]

名 マラリア

▸ prevent an outbreak of malaria（マラリアの世界的流行病の発生を防ぐ）

▸ There are injections for the treatment of severe malaria.

（重症マラリアの治療のための注射がある）

語源は mal（悪い）+ aria（空気）。接頭辞 mal（悪い）が付く単語は他にも malady（病気） malnutrition（栄養失調）malice（悪意）などがある。

□□□

diabetes

[dàiəbíːtiːz]

名 糖尿病

▸ suffer from type 1 diabetes（1 型糖尿病に苦しむ）

▸ Diabetes patients tend to have a shorter life expectancy.

（糖尿病患者は寿命が短くなる傾向がある）

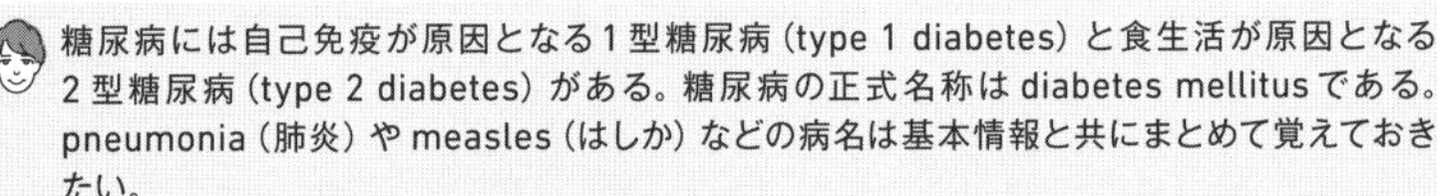

糖尿病には自己免疫が原因となる 1 型糖尿病（type 1 diabetes）と食生活が原因となる 2 型糖尿病（type 2 diabetes）がある。糖尿病の正式名称は diabetes mellitus である。pneumonia（肺炎）や measles（はしか）などの病名は基本情報と共にまとめて覚えておきたい。

□□□

epidemic

[èpidémik]

名 流行病

▸ in the middle of an epidemic（流行病発生中に）

▸ Vaccination can prevent epidemics.（ワクチン接種で伝染病は防げる）

epi（間の）+ dem（人々）+ ic（性質）という構成の語で、人々の間で広まる性質つまり「流行病」となる。democracy（民主主義）や demography（人口統計学）も同じ語源である。

何回解いた？ □1回 □2回 □3回

解答目標タイム ··· 15秒

Contact infections may not be as (　　　　　) in a community because infected individuals can easily be quarantined.

A detrimental
B sanitary
C respiratory

□ infection 名 感染、感染症
□ quarantine 動 隔離する

Answer 6 正解 A **detrimental**

Contact infections may not be as **detrimental** in a community because infected individuals can easily be quarantined.
個々の感染者は簡単に隔離できるため地域社会での接触感染はそれほど有害ではないかもしれない。

because 以下に「簡単に隔離できる」という理由があるため (A) の detrimental (有害である) を入れれば「それほど有害ではないかもしれない」となり文意に合う

選択肢の単語を全部覚えよう

□□□
detrimental
[dètrəméntəl]
形 有害な
名 **detriment** (損害、損失) 類 **harmful** (有害な)

- have a detrimental effect on health (健康に悪影響がある)
- Coming into contact with common viruses can be detrimental to vulnerable people. (一般的なウイルスに接触すると弱者にとって有害な場合がある)

□□□
sanitary
[sǽnətèri]
形 衛生的な
名 **sanitation** (衛生) 動 **sanitise** (消毒する)

- stock sanitary products (衛生用品を備える)
- Inadequate sanitary practices in hospitals can increase the number of secondary infections. (病院内の衛生管理が不十分だと二次感染が増える可能性がある)

汚れや廃物がなく綺麗に保たれた状態を指し、手を洗ったりうがいをしたりすることを sanitary practice (衛生習慣) と呼ぶ。sani は「健康」という語源で、sane は「正気の、健全の」、反意語の insane は「狂気の」、insanity は「精神障害」となる。類義語に hygienic (衛生的な) や clean (綺麗な) がある。

□□□
respiratory
[réspərətəri]
形 呼吸性の
名 **respiration** (呼吸) 動 **respire** (呼吸する)

- fall into acute respiratory failure due to pneumonia (肺炎により急性呼吸不全になる)
- Asthma is a respiratory disease that affects the lungs. (喘息は肺が侵される呼吸器系の病気である)

re (再び) + spire (呼吸) で繰り返し息を吸い吐き出すことを指す。名詞形の respiration (呼吸) は breathing (息をすること) よりも専門的な内容を指す。artificial respiration (人工呼吸) で覚えておこう。spirit (精神) inspire (鼓舞する) perspire (汗をかく) も同語源。

Question 7

何回解いた？ □1回 □2回 □3回

解答目標タイム ··· 20秒

(　　　　) in children is a pressing concern for many developed countries, with 39 million children under the age of 5 overweight globally in 2020.

A Obesity
B Infection
C Diagnosis

□ concern 名 心配、懸念（事項）
□ overweight 形 太りすぎの

Answer 7 正解 A **Obesity**

Obesity in children is a pressing concern for many developed countries, with 39 million children under the age of 5 overweight globally in 2020.

子どもの肥満は多くの先進国にとって差し迫った懸念事項であり、2020 年には世界で 3900 万人の (5 歳未満の) 子どもが過体重になっている。

後半部分の overweight (過体重) があるので a pressing concern (懸念事項) となる (A) の obesity (肥満) が文意に合う

選択肢の単語を全部覚えよう

□□□

obesity [oubí:səti]

名 肥満

形 **obese** (太りすぎの)

- obesity rate among children (子どもの肥満率)
- The government is committed to tackling obesity.
  (政府は肥満対策に力を入れている)

obesity は専門用語でよりカジュアルには overweight を用いる。gain weight (体重が増える) や lose weight (体重が減る) などの関連用語はまとめて覚えておきたい。

□□□

infection [infékʃən]

名 感染

動 **infect** (感染させる)　形 **infected** (感染した)

- reduce the risk of infection (感染のリスクを減らす)
- European countries have seen steep rises in infections and deaths.
  (ヨーロッパの国々で感染と死者数の急激な増加がある)

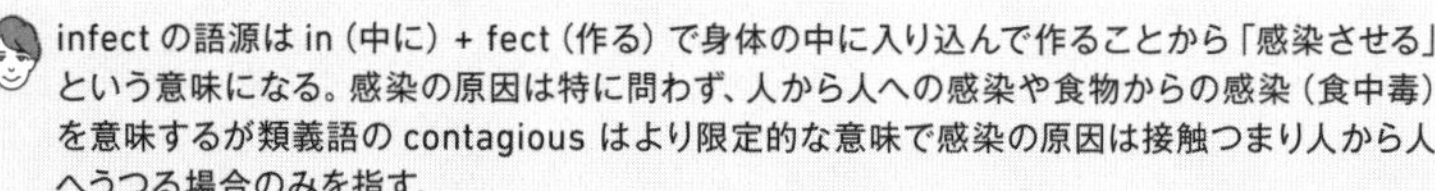

infect の語源は in (中に) + fect (作る) で身体の中に入り込んで作ることから「感染させる」という意味になる。感染の原因は特に問わず、人から人への感染や食物からの感染 (食中毒) を意味するが類義語の contagious はより限定的な意味で感染の原因は接触つまり人から人へうつる場合のみを指す。

□□□

diagnosis [dàiəgnóusis]

名 診断

動 **diagnose** (診断する)

- make a correct diagnosis (正しい診断を下す)
- There was an option to get a second opinion on that diagnosis.
  (その診断についてセカンドオピニオンを受けるという選択肢もあった)

語源は dia (2 つの間で完全に) + gn (知る) で、検査して病気があるか判断するまでの過程を指す。kn と gn は「知る」という語源であり、それらが付く単語は他にも knowledge (知識) congniton (認知) prognosis (予後) があるのでチェックしておこう。

Question 8

何回解いた？ □1回 □2回 □3回

解答目標タイム ⋯ 20秒

It is important to take enough time to (　　　　) from illness, as exertion too soon while your body is still weak can cause long-term damage.

A afflict
B dehydrate
C recuperate

□ exertion 名（肉体的な）骨折り、奮闘

Answer 8　正解 C **recuperate**

It is important to take enough time to **recuperate** from illness, as exertion too soon while your body is still weak can cause long-term damage.

体がまだ弱っているうちにあまりにも早く運動すると、長期的な損傷を引き起こす可能性があるため、病気から回復するのに十分な時間をかけることが重要である。

空所の後ろの from illness（病気から）と相性がいい動詞は（C）の recuperate（回復する）

選択肢の単語を全部覚えよう

□□□

afflict [əflíkt]

動 精神的・肉体的に苦しめる

名 **affliction**（苦悩） 形 **afflictive**（辛い、悲惨な）

- afflict the patient with stress and anxiety（ストレスと不安で患者を苦しめる）
- The patient has been afflicted with cancer for a long time.（その患者は長い間がんに侵されている）

afflict はネガティブな影響を表す時に使われ、「A is afflicted with B」のように受動態で使われることが多い。また形容詞形の限定用法で afflicted area（被災地）と表現できる。

□□□

dehydrate [di:háidreit]

動 脱水させる

名 **dehydration**（脱水）

- dehydrate the body（体を脱水する）
- People can easily get dehydrated in the desert.（砂漠では脱水を起こしやすい）

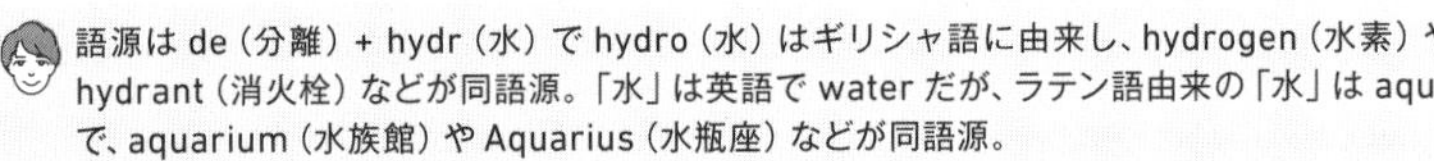

語源は de（分離）+ hydr（水）で hydro（水）はギリシャ語に由来し、hydrogen（水素）や hydrant（消火栓）などが同語源。「水」は英語で water だが、ラテン語由来の「水」は aqua で、aquarium（水族館）や Aquarius（水瓶座）などが同語源。

□□□

recuperate [rikú:pərèit]

動 回復する

名 **recuperation**（回復） 類 **convalesce**（回復する）

- recuperate from illness（病から回復する）
- It took forever to recuperate after my injury.（怪我をしてから回復するのにかなり時間がかかった）

類義語の recover はすぐに回復するイメージだが、recuperate は時間をかけてじっくりとがんなどの病気から健康を取り戻すイメージがある。be back on your feet（回復して健康な状態に戻る）も覚えておきたい。

何回解いた？ □1回 □2回 □3回

解答目標タイム … 20秒

In the (   ) that a family member contracts an incurable disease, you may have to make difficult decisions about end of life care.

A scenario
B trauma
C vitamin

□ contract 動 病気にかかる
□ incurable 形 不治の、治療不能の

Answer 9　正解　A　scenario

In the **scenario** that a family member contracts an incurable disease, you may have to make difficult decisions about end of life care.

家族が不治の病にかかった事態では終末期医療について難しい決断を迫られることがある。

空所の前の前置詞 in と相性が良く、後ろに同格の that 節をとることのできる名詞は (A) の scenario (事態)

選択肢の単語を全部覚えよう

□□□

scenario
[sənǽriòu]

名 事態、場合、脚本、予定の筋書き

類 **plot** (構想、プロット)

▸ write a scenario (シナリオを書く)

▸ Doctors for top athletes simulate many health scenarios.
(トップアスリートを支える医師は様々な健康状態をシミュレーションしている)

scenario は scene (場面、シーン) script (スクリプト) screen (スクリーン) と同語源で「演劇の台本」という語源がある。The best/worst-case scenario is… (最高 / 最悪のシナリオとしては … である) は日常会話でも頻出なので IELTS スピーキングで使える。

□□□

trauma
[trɔ́ːmə]

名 心の傷、トラウマ

形 **traumatic** (衝撃的な)

動 **traumatise** (精神的ショックを与える)

▸ mental issue caused by trauma (トラウマによる精神障害)

▸ The patient was referred to a psychiatrist to deal with her past trauma.
(その患者は過去のトラウマに対処するため精神科医を紹介された)

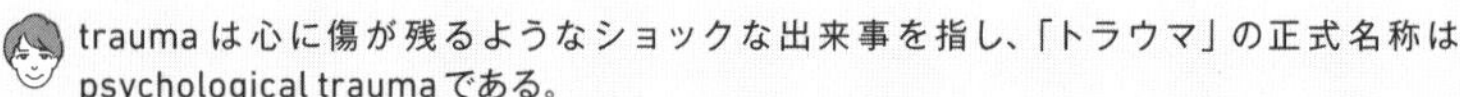

trauma は心に傷が残るようなショックな出来事を指し、「トラウマ」の正式名称は psychological trauma である。

□□□

vitamin
英 [vítəmin] 米 [váitəmin]

名 ビタミン

類 **mineral** (ミネラル、鉱物)

▸ consume a wide range of vitamins (いろいろなビタミンを摂取する)

▸ Some say that the best source of vitamin D is the sun.
(ビタミン D の最良の供給源は太陽だという説もある)

語源は vit (生きる) で、アメリカ英語とイギリス英語で発音が異なるので注意！ vivid (生き生きとした) revive (生き返る) survive (生き延びる) などが同語源である。

何回解いた？ □1回 □2回 □3回

Question 10

解答目標タイム ･･･ 20秒

The opioid crisis in America is in some ways a result of people's willingness to resort to drugs in order to (   ) even small levels of pain.

A alleviate
B nourish
C penetrate

□ willingness 名（進んで・積極的に）～すること

Answer 10　正解 A　**alleviate**

The opioid crisis in America is in some ways a result of people's willingness to resort to drugs in order to **alleviate** even small levels of pain.

アメリカのオピオイド危機はある意味、人々がわずかな痛みでも和らげるために薬物に頼ろうとした結果でもある。

空所の後ろには pain（痛み）が来ているので、この語と相性がいいのは (A) の alleviate（和らげる）

選択肢の単語を全部覚えよう

□□□

alleviate [əlí:vièit]

動 和らげる、（苦痛）を一時的に軽くする

名 **alleviation**（緩和）　類 **soothe**（和らげる）

- alleviate the pain（苦痛を緩和する）
- Over-the-counter medication can alleviate minor symptoms.（軽度の症状であれば市販の薬で緩和することができる）

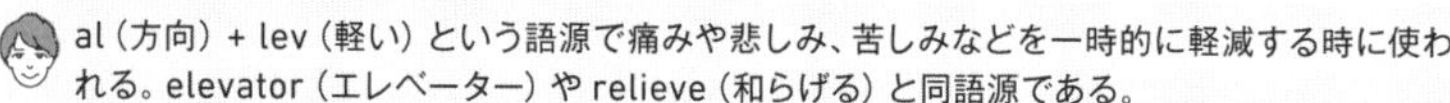

al（方向）+ lev（軽い）という語源で痛みや悲しみ、苦しみなどを一時的に軽減する時に使われる。elevator（エレベーター）や relieve（和らげる）と同語源である。

□□□

nourish [nə́:riʃ]

動 栄養を与える、養う、肥料をやる

名 **nourishment**（滋養物、栄養）

- nourish our hopes and dreams（私たちの夢と希望を育む）
- Milk nourishes a baby.（牛乳は赤ん坊の栄養になる）

ラテン語の nutrio（乳を飲ませて育てる）に由来し、nurse（看護師）nursery（託児所）nutrition（栄養）nurture（養う）と同じ語源。nature versus nurture（氏か育ちか）に関する話題は IELTS リーディングで出題された。類義語に sustenance（栄養、滋養）や nutrition（栄養摂取、栄養学）がある。

□□□

penetrate [pénitrèit]

動 貫通する、浸透する、見通す

名 **penetration**（貫通、浸透）

- penetrate the market（市場に浸透する）
- A tattoo needle penetrates the dermis layer of the skin.（タトゥーの針は皮膚の真皮層を貫通する）

語源 pen は「先が尖ったものが入る」で人の心を貫いたり、洞察したり、入り込んだりするイメージ。pen（ペン）pencil（鉛筆）pin（ピン）が同語源である。形容詞の penetrable（貫通できる）と反意語の impenetrable（貫通できない）も覚えておきたい。

単語ネットワーク

Topic 7

Health

このトピックで重要な単語をまとめています。こちらもチェックしましょう。

- □□□

weight
[wéit]

名 体重
reduce **weight** gradually
徐々に体重を減らす

- □□□

diet
[dáiət]

名 食事
keep a well-balanced **diet**
バランスの取れた食事をする

- □□□

pain
[péin]

名 痛み
ask the doctor for **pain** relievers
医者に痛み止めを出してもらう

- □□□

habit
[hǽbit]

名 癖
change dietary **habits**
食習慣を変える

- □□□

fever
[fíːvər]

名 熱
have a slight **fever**
微熱がある

- □□□

blood
[blʌ́d]

名 血
lower the **blood** pressure
血圧を下げる

- □□□

exercise
[éksərsàiz]

名 運動
repeat a vigorous **exercise**
激しい運動を繰り返す

- □□□

surgery
[sə́ːdʒəri]

名 手術
have brain **surgery**
脳の手術を受ける

- □□□

cancer
[kǽnsər]

名 癌
die of lung **cancer**
肺癌で死ぬ

- □□□

illness
[ílnəs]

名 病気
develop an **illness**
病気にかかる

spread
[spred]

動 広がる
spread across the globe
世界中に広がる

medicine
[médəsn]

名 薬
take **medicine** every night
毎晩薬を飲む

patient
[péiʃənt]

名 患者
visit a **patient** in the hospital
病院の患者を訪問する

prescribe
[priskráib]

動 処方する
prescribe medicine to the patient
患者に薬を処方する

recover
[rikʌ́vər]

動 回復する
recover from an illness
病気から回復する

source
[sɔ́:s]

名 源
seek out a food **source**
食糧源を探し求める

vaccine
[væksí:n]

名 ワクチン
get a COVID-19 **vaccine** shot
コロナのワクチン接種をする

quality
[kwɔ́liti]

名 質
improve the **quality** of life
生活の質を高める

pregnant
[prégnənt]

形 妊娠している
become **pregnant** with twins
双子を妊娠する

operation
[ɔ̀pəréiʃən]

名 手術
a complicated heart **operation**
複雑な心臓の手術

- □□□

pharmacy
[fá:məsi]

名 薬局
buy drugs at the **pharmacy**
薬局で薬を購入する

- □□□

symptom
[símptəm]

名 症状
develop severe **symptoms**
ひどい症状を発症する

- □□□

emergency
[imə́:dʒənsi]

名 緊急
in case of an **emergency**
緊急の場合には

- □□□

infectious
[infékʃəs]

形 感染病の
prevent an **infectious** disease from spreading
感染病が広まるのを防ぐ

- □□□

ambulance
[ǽmbjuləns]

名 救急車
call an **ambulance**
救急車を呼ぶ

- □□□

overweight
[òuvərwéit]

形 太り過ぎの
support an **overweight** patient
太り過ぎの患者をサポートする

- □□□

psychological
[sàikəlɑ́dʒikəl]

形 心理的な
cause **psychological** issues
心理的な問題を引き起こす

- □□□

psychiatric
[sàikiǽtrik]

形 精神的な
suffer from a **psychiatric** disorder
精神疾患に苦しむ

- □□□

discharge
[distʃɑ́:rdʒ]

動 退院させる
discharge the patient
患者を退院させる

- □□□

culinary
[kjú:lənèri | kʌ́lənəri]

形 料理の
go to **culinary** school
料理学校に通う

- □□□

terminal
[tə́:mənəl]

形 **末期の**
diagnose with **terminal** cancer
末期がんと診断する

- □□□

aggravate
[ǽgrəvèit]

動 **悪化させる**
aggravate an existing condition
現状を悪化させる

- □□□

antibiotics
[ænti:baɪˈɑ:tɪks]

名 **抗生物質**
prescribe **antibiotics**
抗生物質を処方する

- □□□

deprivation
[dèprəvéiʃən]

名 **不足**
suffer from sleep **deprivation**
睡眠不足で苦しむ

- □□□

carbohydrate
[kɑ̀:bouháidreit]

名 **炭水化物**
turn **carbohydrates** into energy
炭水化物をエネルギーに変える

- □□□

inflammation
[ìnfləméiʃən]

名 **炎症**
treat an **inflammation** of the knee
膝の炎症を治療する

- □□□

sodium
[sóudiəm]

名 **塩分**
reduce **sodium** intake
塩分の摂取を減らす

- □□□

shudder
[ʃʌ́də]

名 **身震い**
experience an involuntary **shudder**
無意識の身震いを体験する

- □□□

anaesthesia
[ænəsθí:ziə]

名 **麻酔**
use **anaesthesia** during surgery
手術中に麻酔を使用する

- □□□

cardiovascular
[kɑ̀:diəuvǽskjulə]

形 **心臓血管の**
undergo **cardiovascular** surgery
心臓血管手術を受ける

短文穴埋め問題

Topic 8

Economy

解いて身につく頻出単語

141 ··· 160

Question
1

何回解いた？ □1回 □2回 □3回

解答目標タイム ･･･ 15秒

Breaking into a (   ) can mean that you can set your own salary expectations, especially if you can call yourself an expert in the field.

A heyday
B niche
C debt

□ expectation 名 見込み、期待

Answer 1 正解 B **niche**

Breaking into a **niche** can mean that you can set your own salary expectations, especially if you can call yourself an expert in the field.

ニッチな分野に参入することは特にその分野の専門家と自称できるような人であれば自分の希望する給与を設定できることを意味する。

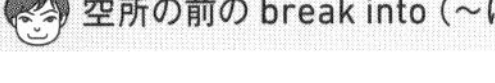
空所の前の break into（～に乗り出す・進出する）と相性がいいのは (B) の niche（ニッチ）

選択肢の単語を全部覚えよう

□□□

heyday
[héidèi]

名 全盛、絶頂

類 **peak**（最高点）

▸ since the heyday of democracy（民主主義全盛期以降に）
▸ The 90s were the heyday of the boombox.（90 年代はラジカセの全盛期であった）

heyday の由来には喜びや驚きを表す感嘆詞から生まれたという説や high day の異形という説などがあり、成功や繁栄の盛りを意味する。in the heyday of youth は「青春真っ盛り」を意味する。類義表現の golden age（最盛期）も覚えておきたい。

□□□

niche
[nítʃ]

名 ニッチ、適所

▸ in the niche field of data mining（データマイニングのニッチな領域で）
▸ The company targeted a niche market.（その会社はニッチな市場を狙った）

ラテン語の nest（巣）に由来し、西洋建築で「壁の凹みや隙間」を意味する。経済用語では収益性の高い特定市場分野をニッチマーケット（隙間市場）と呼ぶ。

□□□

debt
[dét]

名 借金

形 **indebted**（借金がある、借りがある、恩義がある）

▸ pay off debt（借金を返済する）
▸ The debt was accumulated over the past 5 years.
（過去 5 年で借金がたまってしまった）

debt は duty（義務）や due（締め切りの）と同語源で、in debt（借金している状態の）でよく使う。また形容詞形の indebted の形で「恩恵がある」となり、Japan is indebted to China.（日本は中国から恩恵を受けている）の形で使われる。debt と indebt の b はサイレント b のため発音注意。

Question 2

何回解いた？ □1回 □2回 □3回

解答目標タイム ··· 15秒

Tax havens generate a (　　　　) amount of revenue from wealthy individuals who want to hide their money in offshore banks.

A luxurious
B exclusive
C tremendous

□ tax haven 税金逃れの場所
□ wealthy 形 裕福な

Answer 2 正解 C **tremendous**

Tax havens generate a **tremendous** amount of revenue from wealthy individuals who want to hide their money in offshore banks.

タックス・ヘイブンはオフショア銀行に資金を隠そうとする富裕層から莫大な収益を得ている。

空所の後ろの amount（量）と相性がいいのは (C) の tremendous（莫大な）

選択肢の単語を全部覚えよう

□□□
luxurious [lʌgʒúəriəs]
形 豪華な、贅沢な
名 **luxury**（贅沢品） 副 **luxuriously**（贅沢に）

- dream of a luxurious life（贅沢な暮らしを夢見る）
- My friend hosted a luxurious dinner.（友人が豪華なディナーを開催した）

luxurious は豪華で贅沢なイメージがある。名詞形の luxury も形容詞として用いることができ、luxury restaurant は最高級レストラン。

□□□
exclusive [eksklú:siv]
形 独占的な、専用の、排他的な
動 **exclude**（締め出す） 副 **exclusively**（排他的に）

- join an exclusive club（会員制クラブに入る）
- You can get access to exclusive content by purchasing a premium membership.
（プレミアムメンバーシップを購入することで、限定コンテンツにアクセスすることができる）

ex（外に）+ clude（閉める）と in（中に）+ clude（閉める）という語源から exclude は include の対義語であることがわかる。形容詞形の exclusive は一般の人々を締め出して特別な空間を作るようなイメージがあり、「独占」や「高級」のニュアンスがある。

□□□
tremendous [triméndəs]
形 甚大な、凄まじい、物凄い
類 **enormous**（莫大な）

- receive a tremendous amount of support from parents
（両親からのものすごいサポートを受ける）
- Taxes can be a tremendous burden on the poor.
（税金は貧しい人々にとって多大な負担となる）

trem には「震える」という語源があり、震えるほど物凄いという意味がある。同語源の単語に tremble（震える）や tremor（揺れ）などがある。

Question
3

何回解いた？ □1回 □2回 □3回

解答目標タイム ››› 20秒

Loans can be (　　　　　) to suit a borrower's individual needs, and are commonly categorised under personal loans, business loans, and mortgages.

A tailor-made
B high-income
C deep-pocketed

□ categorise 動 分類する
□ mortgage 名 住宅ローン

Answer 3 正解 A tailor-made

Loans can be **tailor-made** to suit a borrower's individual needs, and are commonly categorised under personal loans, business loans, and mortgages.
ローンは借り手の個々のニーズに合わせてオーダーメイドすることができ、一般的に個人ローン、ビジネスローン、住宅ローンに分類される。

空所の後ろには suit ... needs（ニーズに合わせる）という表現があるので (A) の tailor-made（オーダーメイドの）が文意に合う

選択肢の単語を全部覚えよう

□□□
tailor-made
形 オーダーメイドの、注文仕立ての
名 **tailor**（仕立て屋）

▸ develop a tailor-made product（オーダーメイド商品を開発する）
▸ A tailor-made suit costs more than one bought off the rack.
（オーダーメイドのスーツは既製品より高くつく）

tail の語源は「切る」。tailor-made は tailor（仕立て屋）によって made（作られた）を意味し、テーラー仕立て、つまり「オーダーメイド」と訳され、この問題文のように洋服以外の文脈でも使う。類義語に customised（特注の）や custom-made（特注の）がある。

□□□
high-income
形 高所得の
反 **low-income**（低所得の）

▸ target affluent high-income households（裕福な高所得世帯をターゲットにする）
▸ High-income earners are expected to pay higher taxes.
（高所得者はより高い税金を支払うことが予想される）

high（高い）+ income（収入）が組み合わさった複合形容詞で、お金に関する複合形容詞は他にも cost-effective（費用対効果の高い）や financially-stable（経済的に安定している）などがある。

□□□
deep-pocketed
形 十分な資金のある

▸ persuade deep-pocketed investors（十分な資金のある投資家を説得する）
▸ Designer brands cater towards deep-pocketed customers.
（デザイナーズブランドは十分な資金のある顧客に向けたものだ）

have deep pockets は「資金力がある」となる。ちなみに deep pockets and short arms は「金持なのにケチだ」という意味になる。

何回解いた？ □1回 □2回 □3回

解答目標タイム ››› 15秒

People often (   ) the effect of sticky wages, so it is necessary to compare the market both in the short run and the long run.

A prioritise
B recognise
C underestimate

□ sticky wages　賃金の硬直性

Answer 4 正解 C **underestimate**

People often **underestimate** the effect of sticky wages, so it is necessary to compare the market both in the short run and the long run.

賃金が「硬直的」なことの効果は過小評価されがちなので、短期と長期の両方で市場を比較することが必要である。

物価高においても賃金が上がらないことを意味する sticky wages (粘着賃金) を目的語にとり文意と合うのは (C) underestimate (過小評価する)

選択肢の単語を全部覚えよう

□□□

prioritise [praiɔ́ritàiz]

動 優先させる

名 **priority** (優先順位) 形 **prior** (優先する、前の)

- prioritise safety and wellbeing (安全と健康を優先する)
- Many businesses tend to singularly prioritise profit. (多くの企業は利益だけを優先する傾向がある)

prioritise は日常からビジネスまで頻繁に使う表現で、名詞形の priority を使う priority seat (優先席) top priority (最優先) そしてgive priority to A (A を優先する) という表現も覚えておきたい。

□□□

recognise [rékəgnàiz]

動 認識する、認める 米 recognize

名 **recognition** (認識)

- recognise the importance of volunteer activities (ボランティア活動の重要性を認識する)
- It can be generally recognised that a company is stable based on steady revenue growth. (企業は安定的な収益成長に基づいて安定していると一般的に認められる)

recognise の語源は re (再び) + co (共に) + gn (知る) + ise (動詞化接尾辞)。誰かに再会した時に認識するという解釈ができる。「事実として認める」という本来の意味があるので覚えておこう。

□□□

underestimate [ʌndəréstəmèit]

動 過小評価する 名 過小評価

動 **estimate** (見積もる)

反 **overestimate** (過大評価する)

- underestimate the value of a good night's sleep (ぐっすり眠ることの価値を過小評価する)
- The competitor underestimated his opponent. (競技者は相手を甘く見ていた)

under (下に) + estimate (見積もる) が語源で、価値や能力、数量などを実際よりも低く見積もることを意味する。

何回解いた？ □1回 □2回 □3回

Question 5

解答目標タイム … 15秒

A ( ) of money within the country inevitably means the value of the currency on the foreign exchange market will depreciate.

A margin
B surplus
C merchandise

□ inevitably 副 必然的に
□ depreciate 動 価値が下がる

Answer 5　正解 B　surplus

A **surplus** of money within the country inevitably means the value of the currency on the foreign exchange market will depreciate.
国内での金の余剰は必然的に外国為替市場での通貨の価値が下がるということである。

「通貨の価値が下がる」とあることから、(B) の surplus (余剰) を入れれば「金が多くなる」→「需要と供給の関係から価値が下がる」という文脈に合致する

選択肢の単語を全部覚えよう

□□□
margin
[mάːdʒin]
名 余白、差、開き
形 **marginal** (余白の、欄外の)

- win the game by a wide margin (大差で勝つ)
- The company forecasted a 30% rise in their profit margin next year.
(会社は来期の利益率を30%増と見込んでいる)

margin は多義語で経済や商業の世界では元値と売り値の開きのことを日本語でも「マージン」と呼ぶ。「差」という意味では IELTS ライティング Task1 でもよく使う表現である。

□□□
surplus
[sə́ːplʌs]
名 余剰、余り　形 余った
類 **extra** (余分の、特別の)　**superfluous** (余分の)

- create a surplus (黒字にする)
- The government ended the year on a budget surplus.
(政府は財政黒字でその年を終えた)

sur (超える) + plus (多い) が語源。必要な数や量よりも多いことから「余り」という意味もあるが、この問題文の文脈では「黒字」という意味になる。接頭辞の sur, super (超える) が付く単語は他にも superfluous (余分な) superlative (最上級の) supersede (取って代わる) などがある。

□□□
merchandise
[mə́ːtʃəndàiz]
名 商品　動 ～の取引をする
名 **merchant** (商人)

- extend the range of merchandise (品揃えを広げる)
- Japanese anime merchandise is popular all over the world.
(日本のアニメグッズは世界中で人気がある)

merchandiseの省略形であるmerchは日本語の「グッズ」の意味。market (市場、マーケット) や commerce (商業) と同語源である。

何回解いた？ □1回 □2回 □3回

解答目標タイム … 15秒

It is an ( ) burden for the Central Bank to try and undo decades of mismanagement and poor economic decisions.

A available
B enormous
C industrious

□ burden 名 負担
□ mismanagement 名 誤った管理、不始末

Answer 6 正解 B **enormous**

It is an **enormous** burden for the Central Bank to try and undo decades of mismanagement and poor economic decisions.
中央銀行にとって数十年にわたるずさんな経営と不適切な経済決定を元に戻そうとするのは大変な負担である。

burden（負担）を適切に修飾する形容詞は (B) の enormous（莫大な）

選択肢の単語を全部覚えよう

□□□
available
[əvéiləbl]

形 入手できる、利用できる

動 **avail**（～を利用する） 名 **availability**（利用可能）
反 **unavailable**（利用できない）

▸ have access to available resources（利用可能な資源にアクセスする）
▸ The latest finance research papers are available on the Internet.
（最新のファイナンスに関する研究論文はインターネット上で入手可能である）

a（方向）+ vail（価値）+ able（可能）という語源で利用可能である状態を指す。また予定が空いているという意味もあり Will you be available tomorrow?（明日時間ある?）というカジュアルな表現でもよく使う。

□□□
enormous
[inɔ́:məs]

形 莫大な、巨大な、かなりの

名 **enormity**（巨大さ、極悪さ）

▸ waste enormous amounts of electricity（大量の電気を無駄にする）
▸ The impact of social media on our daily lives has been enormous.
（我々の生活における SNS の影響は計り知れない）

語源 e（外）+ norm（基準）から基準を超えていると解釈できる。normal（普通の）economy（経済）astronomy（天文学）も同じ語源。類義語は gigantic（巨大な）immense（巨大な）massive（大規模な）astronomical（天文学的な、桁外れに大きな）などがある。

□□□
industrious
[indʌ́striəs]

形 勤勉な、産業の

類 **diligent**（熱心な）

▸ collaborate with industrious workers（勤勉な労働者と協力する）
▸ China is currently the most industrious country in the world.
（中国は現在、世界で最も工業が盛んな国である）

industry には「産業」「工業」という意味のほかに「勤勉」という意味がある。industrial は「産業の」industrious は「勤勉な」という派生語。産業や業界に関する表現には farming（農業）heavy industry（重工業）manufacturing（製造業）construction（建設業）retailing（小売業）などがあるので覚えておこう。

Question 7

何回解いた？ □1回 □2回 □3回

解答目標タイム … 20秒

As more and more banks appear unable to protect customers' savings, the central bank predicts a forthcoming period of economic (　　　　).

A growth
B sanction
C stagnation

□ forthcoming 形 やがて来ようとする

Answer 7 正解 C stagnation

As more and more banks appear unable to protect customers' savings, the central bank predicts a forthcoming period of economic **stagnation**.

顧客の貯蓄を守ることができない銀行がますます増えていることから、中央銀行は近い将来、経済が停滞すると予測している。

銀行が貯蓄を守ることができないという文脈から (C) の stagnation (停滞) が最も文意に合う

選択肢の単語を全部覚えよう

□□□

growth

[gróuθ]

名 増加、成長、発展

動 **grow** (成長する)　形 **growing** (増える、高まる)

▸ contribute to economic growth (経済成長に貢献する)

▸ The growth of tourism has been highly beneficial to the island.
(観光業の発展は島にとって非常に有益なものだ)

gr (成長する) という語源から green (緑) や grass (草) と同語源であることが分かる。ライティング Task 1 で増加を描写する時に〈grow + 副詞〉の形の grow dramatically を〈形容詞 + growth〉の形で dramatic growth にパラフレーズできる。

□□□

sanction

[sǽŋkʃən]

名 制裁、認可、許可　動 認可する

▸ call for economic sanctions (経済制裁を求める)

▸ The organisation demanded an effective sanction against poaching.
(この団体は密猟に対する効果的な制裁を要求した)

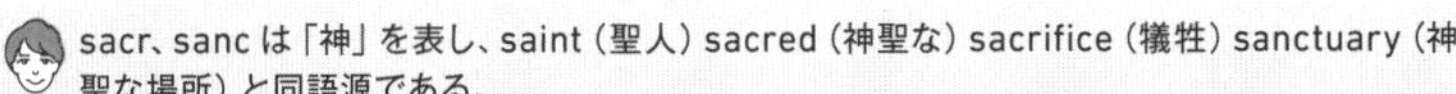

sacr、sanc は「神」を表し、saint (聖人) sacred (神聖な) sacrifice (犠牲) sanctuary (神聖な場所) と同語源である。

□□□

stagnation

[stægnéiʃən]

名 停滞、不景気

形 **stagnant** (流れない、停滞気味の)

▸ factors bihind economic stagnation in Japan (日本の景気低迷の背景にある要因)

▸ Wage stagnation can eventually lead to bankruptcy.
(賃金の停滞はやがて破綻につながる)

類義語に the Great Depression (世界恐慌) でも知られる depression (不景気) や recession (不況) などがある。

Question 8

何回解いた？ □1回 □2回 □3回

解答目標タイム ··· 15秒

Emulating the (　　　　　) habits of the ultra-rich is not tenable for the everyday person, and just leads to debt.

A sluggish
B extravagant
C impoverished

□ emulate 動 見習う、まねる
□ tenable 形 継続できる

Answer **8** 正解 B **extravagant**

Emulating the **extravagant** habits of the ultra-rich is not tenable for the everyday person, and just leads to debt.
超富裕層の贅沢な習慣を真似しても、普通の人には通用しないし、ただ借金をするだけである。

habits of the ultra-rich（超富裕層の習慣）を適切に修飾する形容詞は (B) の extravagant（贅沢な）

選択肢の単語を全部覚えよう

□□□
sluggish
[slʌ́giʃ]
形 ゆっくりした、活気のない
副 **sluggishly**（ゆっくりと）

▸ concerns over a sluggish economy（景気低迷への懸念）
▸ It was no surprise that the old car was quite sluggish.
（古いクルマがかなり不調なのは当然である）

slug（ナメクジ）の動きが遅くゆっくりしているイメージから。類義語 lazy（怠惰な）は通常、人が何もしないことを表すが、「動きの鈍さ」というニュアンスもあり、例えば薬と副作用、気分の落ち込みなどゆっくりとした動きを表す時にも使う。

□□□
extravagant
[ikstrǽvəgənt]
形 贅沢な、豪華な
名 **extravagance**（贅沢）

▸ lead an extravagant lifestyle（贅沢な生活をする）
▸ Some countries spend extravagant amounts of money.
（贅沢なお金を使う国もある）

金遣いが荒い人を修飾する時や金額などが法外である時に使い、接頭辞の extra から行き過ぎていると解釈できる。類義語に exorbitant（法外な）lavish（贅沢な）prodigal（贅沢な）などがある。

□□□
impoverished
[impɑ́vəriʃt]
形 貧しい
動 **impoverish**（貧しくする）

▸ reside in an impoverished country（貧しい国に定住する）
▸ The current economic situation left many families impoverished.
（現在の経済状況では多くの家庭が困窮している）

財政的に厳しく他人からの支援が必要な状況を指し、類義語に poor（貧しい）broke（一文無しの）destitute（貧しい）などがある。

Question 9

何回解いた？ □1回 □2回 □3回

解答目標タイム … 15秒

(　　　　) housing is in short supply as more and more land is being bought up for commercial and industrial development.

A Federal
B Technical
C Residential

□ housing 名 住宅、住宅供給
□ commercial 形 商業の

Answer 9 正解 C **Residential**

Residential housing is in short supply as more and more land is being bought up for commercial and industrial development.
商業・工業開発用にどんどん土地が買い上げられ、住宅が不足している。

 空所の後の housing と相性がいいのは (C) の Residential (住宅の)

選択肢の単語を全部覚えよう

□□□
federal
[fédərəl]

形 連邦の、連合の
名 **federation** (連合、同盟)

▸ regulations from the federal government (連邦政府からの規制)
▸ The diplomat violated the federal law. (外交官は連邦法に違反した)

 fed には「信じる」という語源があり、faith (信用) や fidelity (忠実さ) と同語源である。

□□□
technical
[téknikəl]

形 専門の、技術的な
副 **technically** (技術的に)
名 **technique** (技術)

▸ due to the technical issue (技術的な問題のため)
▸ Customers can contact the helpline for free technical support.
(購入者はヘルプラインに連絡し、無料で技術サポートを受けることができる)

 technical は特別な知識や厳密な原則に基づいているという意味があり、副詞形の technically を用いた technically speaking (厳密に言うと) は IELTS で自分の主張に客観性をもたせる時に使える。jargon や terminology という意味になる technical term (専門用語) も覚えておきたい。

□□□
residential
[rèzidénʃəl]

形 住宅の、居住用の
名 **residence** (住宅)　**resident** (住民)

▸ special buildings made for residential use (居住用につくられた特別な建物)
▸ There are laws against speeding in residential areas.
(住宅街でのスピード違反は法律で禁止されている)

 語源 re (再び) + sid (座る) で何度も同じ場所に座ることから居住する場所を表し長期間定住するときに使う。ある特定の場所に住む時には live in が最も一般的な表現で、dwell (住む) はより文学的な表現となる。

Question 10

何回解いた？ □1回 □2回 □3回

解答目標タイム ··· 15秒

If you don't plan early, death, divorce, and dementia can result in complicated financial situations which may be (　　　　) to untangle.

A painstaking
B continuous
C monotonous

□ dementia 名 認知症
□ untangle 動 解決する

Answer 10 正解 A painstaking

If you don't plan early, death, divorce, and dementia can result in complicated financial situations which may be **painstaking** to untangle.

早めに計画を立てないと、死亡、離婚、認知症によって複雑な経済状況が発生し、それを解決するのに大変な苦労をするかもしれない。

complicated...situations（複雑な状況）とあるので painstaking（骨の折れる）が文意に合う

選択肢の単語を全部覚えよう

□□□

painstaking [péinztèikiŋ]

形 骨の折れる、大変な、念入りな

副 **painstakingly**（苦心して、丹念に）

- the culmination of years of painstaking work（長年の骨の折れる仕事の集大成）
- Learning good money management can be painstaking.（お金の上手な管理を学ぶのは骨が折れることである）

熟語（idiom）の take pains（苦労する）が転じて形容詞形の painstaking が生まれたので痛みや苦労が伴う行為を修飾する時に使う。

□□□

continuous [kəntínjuəs]

形 切れ目なく続く

動 **continue**（続ける、継続する）

- make a continuous effort（絶え間ない努力をする）
- He noticed a continuous improvement in his health after changing his diet.（彼は食事を変えてから体調がどんどん良くなっていくことに気づいた）

語源は con（共に）+ tin（保つ）。陸が続いている continent（大陸）と同語源。continue は句動詞（phrasal verb）の go on や keep on にパラフレーズできる。

□□□

monotonous [mənɔ́tənəs]

形 単調な、退屈な

副 **monotonously**（単調に） 名 **monotone**（単調）

- monotonous routine of doing the same job everyday（毎日同じ仕事をする単調なルーティン）
- The job was monotonous but paid well.（単調な仕事だが給料は良かった）

mono（1）はギリシャ語由来で比較的新しい用語に用いられる接頭辞であり、monorail（モノレール）monologue（モノローグ）monarchy（君主政治）monopoly（独占）が同語源である。

単語ネットワーク

Topic 8

Economy

このトピックで重要な単語をまとめています。こちらもチェックしましょう。

-□□□

loan
[lóun]

名 **貸付金**
apply for a student **loan**
学費ローンに申し込む

-□□□

alter
[ɔ́:ltə]

動 **変える**
alter the pace of people's lives
人々の生活ペースを変える

-□□□

salary
[sǽləri]

名 **給料**
raise the monthly **salary**
月給を上げる

-□□□

stock
[stɔk]

名 **株**
sell growth **stock**
成長株を売る

-□□□

levy
[lévi]

名 **税金**
impose a 20% **levy** on alcohol
アルコールに 20% の税金を課す

-□□□

budget
[bʌ́dʒət]

名 **予算**
increase the overall **budget**
総予算を増やす

-□□□

benefit
[bénəfit]

名 **利益**
offer mutual **benefits**
相互利益をもたらす

-□□□

share
[ʃεə]

名 **株**
acquire preference **shares**
優先株を取得する

-□□□

market
[mɑ́:kit]

名 **市場**
conduct **market** research
市場調査をする

-□□□

deficit
[défəsit]

名 **赤字**
produce a trade **deficit**
貿易赤字を生み出す

- □□□

deposit
[dipɔ́zit]

動 **預金する**
deposit money in the bank
銀行にお金を預金する

- □□□

expand
[ikspǽnd]

動 **拡大する**
expand the business in Asia
アジアで事業を拡大する

- □□□

inherit
[inhérit]

動 **受け継ぐ**
inherit a considerable fortune
かなりの財産を受け継ぐ

- □□□

calculate
[kǽlkjulèit]

動 **計算する**
calculate perpetual annuity
終身年金を計算する

- □□□

account
[əkáunt]

名 **口座**
open a bank **account**
銀行口座を開設する

- □□□

stipend
[stáipend]

名 **給付金**
depend on an annual **stipend**
年間の給付金に頼る

- □□□

complain
[kəmpléin]

動 **苦情を言う**
complain about the products
商品に対して苦情を言う

- □□□

income
[ínkʌm]

名 **収入**
receive a high **income**
高い収入を得る

- □□□

invest
[invést]

動 **投資する**
invest all the savings in stocks
預金を全て株に投資する

- □□□

establish
[istǽbliʃ]

動 **設立する**
establish a unicorn company
ユニコーン企業を設立する

- □□□

withdrawal
[wiðdrɔ́:əl]

名 払い戻し
make cash **withdrawals** free of charge
無料で現金を引き出す

- □□□

optimum
[ɔ́ptiməm]

形 最適の
find an **optimum** solution
最適解を探す

- □□□

invoice
[ínvɔis]

名 請求書
draw up a monthly **invoice**
毎月の請求書を作成する

- □□□

strategic
[strətí:dʒik]

形 戦略的な
make a **strategic** decision
戦略的決定をする

- □□□

accelerate
[əksélərèit]

動 加速させる
accelerate the pace of development
発達の速度を加速させる

- □□□

currency
[kə́:rənsi]

名 通貨
convert to the local **currency**
現地通貨に両替する

- □□□

advertisement
[ədvə́:tismənt]

名 広告
place an **advertisement**
広告を出す

- □□□

circumstance
[sə́:kəmstæ̀ns]

名 状況
adapt a changing economic **circumstances**
変化する経済状況に適応する

- □□□

slash
[slǽʃ]

動 大幅に削減する
slash the budget deficit
財政赤字を大幅に削減する

- □□□

bold
[bóuld]

形 大胆な
make **bold** economic reforms
大胆な経済改革をする

- □□□

exploit
[eksplɔ́it]

動 **搾取する**
exploit the working class
労働者階級を搾取する

- □□□

disrupt
[disrʌ́pt]

動 **崩壊させる**
disrupt the national economy
国家経済を崩壊させる

- □□□

boost
[bú:st]

動 **押し上げる**
boost the country's economy
国の経済を押し上げる

- □□□

affluent
[ǽfluənt]

形 **豊かな**
create an **affluent** society
豊かな社会を作る

- □□□

reimburse
[rì:imbə́:s]

動 **払い戻す**
reimburse expenses after the program
研修後に経費を払い戻す

- □□□

purchase
[pə́:rtʃəs]

名 **購入**
make an impulse **purchase**
衝動買いをする

- □□□

recession
[riséʃən]

名 **不況**
head for a severe **recession**
深刻な不況に向かっている

- □□□

volatility
[vɑ̀lətíləti]

名 **不安定さ**
monitor market **volatility**
市場の不安定さを監視する

- □□□

predicament
[pridíkəmənt]

名 **苦境**
face a financial **predicament**
財務の苦境に直面する

- □□□

transaction
[trænzǽkʃən]

名 **取引**
make an authorised **transaction**
認可された取引をする

会話文穴埋め問題

Topic 9

Speaking

解いて身につく頻出単語

161 ··· 180

何回解いた？ □1回 □2回 □3回

解答目標タイム … 25秒

A: Do names mean anything special in your country?

B: Traditional Japanese names take inspiration from nature — for example, I am (　　　　　) after the Japanese cherry blossom, the national flower of Japan.

A named

B armed

C trained

□ inspiration 名 インスピレーション、霊感、意欲

□ cherry blossom 桜の花

Answer 1　正解 A **named**

A: Do names mean anything special in your country?
B: Traditional Japanese names take inspiration from nature — for example, I am **named** after the Japanese cherry blossom, the national flower of Japan.

A: 名前はあなたの国で特別な意味を持っていますか？
B: 日本の伝統的な名前は自然からインスピレーションを得ています。例えば私は日本の国花である桜にちなんで名付けられているんです。

空白の後ろにある after と相性がいいのは name A after B（B からとって A と名付ける）の形をとる (A) named

選択肢の単語を全部覚えよう

□□□
name
[néim]

動 名付ける　名 名前
副 **namely**（すなわち）

▸ a common name in Japan（日本でありふれた名前）
▸ Companies with well-known names are popular among students.
（知名度の高い企業は学生に人気がある）

IELTS スピーキングでは必ず名前を尋ねられる。nominate（指名する）anonymous（匿名の）namely（すなわち）noun（名詞）acronym（頭文字）が同語源。類義語の christen（洗礼を施して命名する）も覚えておきたい。

□□□
arm
[ά:m]

動 武装する　名 腕
名 **armory**（兵器工場）　**armament**（軍備）

▸ arm the reserve forces（予備軍を武装させる）
▸ I like to arm myself with the proper tools before undertaking any task.
（タスクを実行する前に適切なツールで武装するのが好きである）

名詞形の arm（腕）が複数形になると arms（武器）となり、類義語は weapon（武器）である。

□□□
train
[trein]

動 訓練する　名 電車
名 **training**（訓練）　**trainer**（トレーナー）

▸ intensively train for the marathon（マラソンに向けて集中的にトレーニングする）
▸ I had to train for six years before I could practise as a doctor.
（医者になる前に 6 年間訓練しなければならなかった）

train の語源は「引っ張る」で動詞の「～を訓練する、鍛える」をイメージできる。a train of thought（一連の考え）を用いた I lost my train of thought.（私は一連の考えを失った）は必須表現である。

何回解いた？ □1回 □2回 □3回

解答目標タイム … 25秒

A: How long have you been working?
B: I wanted to train as a firefighter for (　　　　), but it was difficult for me to pass the exams straight out of school, so I spent five years first working as a paramedic.

A good
B ages
C free

□ firefighter 名 消防士
□ paramedic 名 救急医療隊員

Answer 2　正解 B　**ages**

A: How long have you been working?
B: I wanted to train as a firefighter for **ages**, but it was difficult for me to pass the exams straight out of school, so I spent five years first working as a paramedic.

A: どれくらい働いていますか。
B: 昔から消防士になりたいと思っていたのですが、学校を卒業してすぐに試験に合格するのは難しく、最初は救急医療隊員として 5 年間働きました。

for と共に使い、文脈に合うのは、for ages（長い間）という熟語を作る (B) ages

選択肢の単語を全部覚えよう

□□□
good
[gúd]

形 良い、優秀な、相当な　名 良いこと、善、利益
名 **goodness**（良いこと、善良）

▸ a good number of people（相当な数の人々）
▸ I've heard good things about the company.（その会社の良い評判を聞いている）

for good は口語表現で「永久に」を意味し、forever と同義語になる。

□□□
age
[éidʒ]

名 年齢、時代　動 年をとる
名 **ageing**（高齢化、老朽化）

▸ work with people of all ages（あらゆる年齢の人々と働く）
▸ Once you reach the age of sixty-five, you are eligible to retire.
（65 歳になると退職できるようになる）

age を複数形にした ages を用いた for ages「長い間」という意味になる。「時代」という意味もあり、in the digital age（デジタルの時代において）や in all ages（いつの時代も）は必須表現である。

□□□
free
[fríː]

形 自由な、暇な、無料の　動 自由にする
名 **freedom**（自由）　副 **freely**（自由に）

▸ free from judgement（裁きから解放された）
▸ All men are by nature equally free.
（すべての人間は生まれながらにして等しく自由である）

for free は「無料で」という意味になり free of charge（無料で）も覚えておきたい。複合形容詞の -free は「～がない、免除の」という意味になり sugar-free（砂糖が入っていない）alcohol-free（アルコールが入っていない）barrier-free（バリアがない）oil-free（油を含まない）tax-free（免税の）などが頻出である。

何回解いた？ □1回 □2回 □3回

解答目標タイム ··· 25秒

A: What hobbies did you have as a child?

B: My sister is a chef and has always encouraged me to cook since I was young, and the first big project she guided me in was making dumplings from (   ).

A birth

B scratch

C touchstone

□ encourage 動 奨励する

□ dumpling 名 餃子

Answer 3 正解 B scratch

A: What hobbies did you have as a child?
B: My sister is a chef and has always encouraged me to cook since I was young, and the first big project she guided me in was making dumplings from **scratch**.

A: 子どもの頃はどんな趣味があった？
B: 姉が料理人で、幼い頃から僕に料理をするように勧めてきたんだよね。彼女が僕を導いてくれた最初の大きなプロジェクトは餃子をゼロから作ることだったんだ。

making dumpling（餃子を作る）というのが空所の前にあるので from scratch（ゼロから）の (B)scratch が文意に合う

選択肢の単語を全部覚えよう

- □□□

birth
[bə́:θ]

名 誕生、出産、起源

名 **birthday**（誕生日） **birthplace**（生家）

▸ the birth of Shakespeare（シェイクスピアの誕生）
▸ My cousin gave birth to twins.（いとこが双子を出産した）

from birth は「生まれた時から」、at birth は「生まれた時点」を指す。give birth to A は「A を生む」という意味で My mother gave birth to a baby girl.（私の母親は女の子を産んだ）で覚えておこう。

- □□□

scratch
[skrǽtʃ]

動 傷をつける、引っかく 名 引っかき傷

▸ scratch and reveal cards（スクラッチカード）
▸ Scratching is a normal aspect of cat behaviour.
（引っかき行為は猫の正常な行動である）

from scratch は「一から」「最初から」という意味になり、類義表現に from square one（初めから）や from the beginning（最初から）などがある。

- □□□

touchstone
[tʌ́tʃstòun]

名 基準、試金石

▸ create new touchstones（新しい試金石を作る）
▸ It is unfair that a native-like accent is the touchstone of fluency.
（ネイティブのようなアクセントが流暢さの基準であることは不公平である）

A is the touchstone of B. 型で頻出。類義語に benchmark（判断の基準）standard（標準）criterion（基準）がある。

Question
4

何回解いた？ □1回 □2回 □3回

解答目標タイム … 25秒

A: Is it important to have diversity in the workplace?

B: I personally think that working with people from different (　　　　) is necessary for innovation, because then you can come up with and develop a variety of different ideas.

A acumen
B spearhead
C backgrounds

□ diversity 名 多様性
□ workplace 名 仕事場

Answer
4 正解 C **backgrounds**

A: Is it important to have diversity in the workplace?
B: I personally think that working with people from different **backgrounds** is necessary for innovation, because then you can come up with and develop a variety of different ideas.

A: 職場で多様性を持つことは重要かな？
B: 個人的にはたくさんの異なるアイデアを思いついて発展させていくことができるから、イノベーションには様々な異なる背景を持つ人々と協力することが必要だと思う。

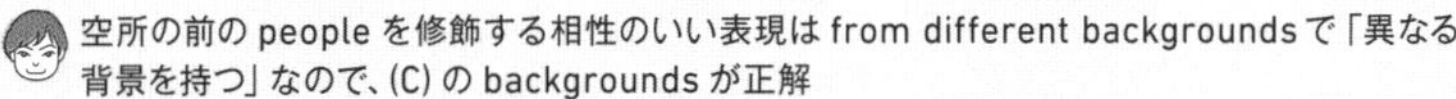
空所の前の people を修飾する相性のいい表現は from different backgrounds で「異なる背景を持つ」なので、(C) の backgrounds が正解

選択肢の単語を全部覚えよう

□□□

acumen
[əkjúːmən]

名 鋭さ、明察力

▸ the banker's financial acumen（銀行家の財務感覚）
▸ Business acumen can be one of the greatest assets for a CEO.
（商才は CEO にとって最大の財産となり得る）

acu（刺す）が語源。正確に判断や決断を行う「鋭さ」という意味があり、acute（鋭い）exacerbate（悪化させる）acupuncture（はり治療）と同語源である。

□□□

spearhead
[spíərhe]

名 推進力、原動力、やりの穂先　動 先頭に立つ
名 **spear**（やり）

▸ spearhead of the movement（運動の先駆け）
▸ The boss decided to spearhead the campaign for equality.
（社長は平等を求める運動の先頭に立つことを決意した）

本来は spear（やり）を持って行う戦いで使われる言葉だが、事業を指揮したり率先して動かしたりする人を spearhead of the project と言い、動詞形では spearhead the project のように使う。

□□□

background
[bǽkgràund]

名 背景　形 背景の

▸ students from diverse backgrounds（多様なバックグラウンドを持つ学生）
▸ My family background is a little complicated.（私の家庭環境は少し複雑である）

BGM（バックグラウンド・ミュージック）でお馴染みの background はあるものの背景にあるものを指す。人の生い立ちや経歴という意味でも使われる。

何回解いた？ □1回 □2回 □3回

解答目標タイム ••• 25秒

A: What kind of films do you like to watch in your spare time?

B: My absolute favourite genre is science fiction, not least because I enjoy seeing the (　　　　) visions of how our world and societies could develop with which the screenwriters come up.

A altruistic

B futuristic

C sarcastic

□ spare 形 予備の、余った

□ screenwriter 名 脚本家

Answer 5 正解 B futuristic

A: What kind of films do you like to watch in your spare time?
B: My absolute favourite genre is science fiction, not least because I enjoy seeing the **futuristic** visions of how our world and societies could develop with which the screenwriters come up.

A: 休みの時どんな映画を見るのが好き？
B: 私の絶対的なお気に入りジャンルは SF（サイエンス・フィクション）です。特に私達の世界や社会がどのように発展するのか、脚本家が考案した未来的なビジョンを見るのが好きです。

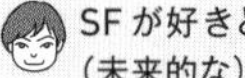

SF が好きという文脈で、visions という名詞を適切に修飾し文意に合うのは (B) futuristic（未来的な）

選択肢の単語を全部覚えよう

□□□
altruistic
[æltruístik]
形 利他的な
名 **altruism**（利他主義） 反 **egoistic**（利己的な）

▸ altruistic modes of behaviour（利他的行動様式）
▸ Not all billionaires are naturally altruistic, but charity is always good for reducing taxes.（すべての億万長者が自然に利他的であるとは限らないが、慈善活動は常に税金を減らすために良いことである）

alt には「他」という語源があり、alien（宇宙人、外国人）alibi（アリバイ）alternative（代わりの）と同語源である。

□□□
futuristic
[fjù:tʃərístik]
形 未来的な
名 **future**（未来）

▸ a futuristic view of the world（未来的な世界観）
▸ His designs were considered futuristic for the time.
（彼のデザインは当時としては未来的なものとされていた）

芸術の世界では 20 世紀初頭にイタリアで起こった運動のことを futurism（未来派）と呼び、芸術的要素を含むものを描写するときに futuristic をよく使う。

□□□
sarcastic
[sa:kǽstik]
形 皮肉な
名 **sarcasm**（皮肉） 類 **irony**（皮肉な）

▸ make a sarcastic remark（皮肉な発言をする）
▸ There is no need to be sarcastic in the meeting.（会議で皮肉を言う必要はない）

sarcasm（皮肉）抜きではイギリスの文化は語れず、ユーモアの 1 つとして認識されている Don't be sarcastic. が口癖になる程、イギリス人の会話では皮肉を聞くことが多い。類義語の irony はあえて真逆のことを言う時に使うので、具体例と共に覚えておこう。

Question 6

何回解いた？ □1回 □2回 □3回

解答目標タイム ･･･ 25秒

A: How do you see your life in ten years' time?
B: I wish to (   ) my dream of being an investigative journalist, so hopefully I will be writing for a big newspaper, maybe even have won a Pulitzer.

A swap
B narrate
C pursue

□ investigative 形 調査の、不正を暴く

Answer 6 正解 C pursue

A: How do you see your life in ten years' time?
B: I wish to **pursue** my dream of being an investigative journalist, so hopefully I will be writing for a big newspaper, maybe even have won a Pulitzer.

A: 10 年後の自分の人生をどのように見ていますか？
B: 私は調査ジャーナリストになるという夢を追い求めたいと思っているので、大きな新聞に寄稿したり、ピューリッツァー賞を受賞したりできればと思っています。

my dream（私の夢）と相性がいい動詞は (C) の pursue（追い求める）

選択肢の単語を全部覚えよう

□□□
swap
[swɒp]

動 交換する
類 **exchange**（交換する）

▸ swap books among exchange students（交換留学生同士で本を交換する）
▸ Women easily swap between provider and caregiver roles.
（女性は提供者と介護者の役割の切り替えが容易にできる）

英語の授業のペアワークで役割を交代する時に先生は Swap と言う。sw は「素早い」という語源で、swing、swift、sweep、switch など素早い動きを表す英単語に共通する。

□□□
narrate
[næréit]

動 物語る、語り手を務める
名 **narration**（叙述、ナレーション）
形 **narrative**（物語風の、話術の 名 物語）

▸ narrate a tale（物語を語る）
▸ It drives me crazy when students just narrate with no evaluation.
（学生達が何の評価もなく棒読みする時、私はうんざりする）

narrate は「物語を詳細に声に出して語る」という意味で映画やドラマに解説を加えて話をすることを指す「ナレーション (narration)」で日本語でもお馴染み。形容詞形の narrative は「話術の」という意味になり、プレゼンテーションの指導でもよく使う表現である。

□□□
pursue
[pəsjúː]

動 追い求める、～の後を追う
名 **pursuit**（追求） 類 **seek**（～を追い求める）

▸ pursue a goal（目標を追求する）
▸ In order to pursue a successful career, it is important to set goals.
（成功するキャリアを追求するためには目標を設定することが重要である）

pur（前に）+ sue（従う）が語源。後を追いかけるイメージがあり、夢や目標などを追求するという意味で、IELTS スピーキングで頻繁に使う。

何回解いた？ □1回 □2回 □3回

解答目標タイム … 25秒

A: What is restaurant culture like in your country?

B: In Japan, it is very common in big cities to see people dining alone, but coming from the countryside, it took me a while to get (　　　) with this custom.

A mature
B familiar
C affordable

□ countryside 名 田舎

Answer 7　正解 B　familiar

A: What is restaurant culture like in your country?
B: In Japan, it is very common in big cities to see people dining alone, but coming from the countryside, it took me a while to get **familiar** with this custom.

A: あなたの国のレストラン文化はどのようなものですか？
B: 日本の大都市では一人で食事をする人をよく見かけますが、田舎から来た私はこの習慣に慣れるまでに時間がかかりました。

custom（習慣）が空所の後ろに来ているので get familiar with（慣れる）の形を作る（B）の familiar が文意に合う

選択肢の単語を全部覚えよう

□□□
mature
[mət(j)úər]

形 成熟した、分別のある　動 成長する
反 **immature**（未熟な）　名 **maturity**（成熟）
形 **premature**（早熟な）

- have a mature attitude（成熟した態度を持つ）
- Great talents mature late.（大器晩成〔素晴らしい才能は遅く成熟する〕）

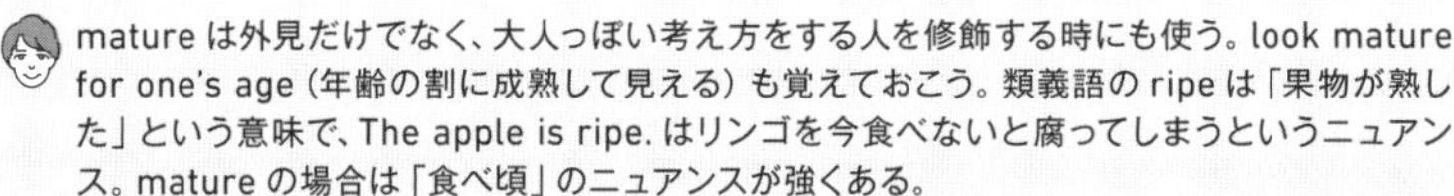
mature は外見だけでなく、大人っぽい考え方をする人を修飾する時にも使う。look mature for one's age（年齢の割に成熟して見える）も覚えておこう。類義語の ripe は「果物が熟した」という意味で、The apple is ripe. はリンゴを今食べないと腐ってしまうというニュアンス。mature の場合は「食べ頃」のニュアンスが強くある。

□□□
familiar
[fəmíljər]

形 見（聞き）覚えのある、精通した
名 **familiarity**（親しみ）

- familiar landscape（見慣れた風景）
- The name of the temple is familiar to me.（そのお寺の名前を聞いたことがある）

見覚えのある顔を見た時、I have seen his face.「彼の顔を見たことがある」よりも His face is familiar.「彼の顔に見覚えがある」の方が自然。familiar（～をよく知っている）は「人」と「もの」の位置によって前置詞が異なる。A is familiar to B.「A（もの）に B（人）は精通している」、B is familiar with A.「B（人）は A（もの）に精通している」の形式で覚えておこう。

□□□
affordable
[əfɔ́:rdəbl]

形 値段が手頃な
動 **afford**（余裕がある）

- buy a house at an affordable price（お手頃価格で家を買う）
- Affordable clothing is not worth sweatshop labour.
（手ごろな価格の衣料品は汗水垂らして働く労働に見合うものではない）

類義語は economical（経済的な）や lost-cost（安価な）がある。

何回解いた？ □1回 □2回 □3回

解答目標タイム ··· 25秒

A: Why do some people dislike certain colours?
B: I think it depends on what each individual ( ) with a given colour, for example blue could mean sadness, but equally peace and tranquillity.

A separates
B associates
C emphasises

□ sadness 名 悲しみ、悲哀
□ tranquillity 名 静穏、落ち着き

Answer 8 正解 B associates

A: Why do some people dislike certain colours?
B: I think it depends on what each individual **associates** with a given colour, for example blue could mean sadness, but equally peace and tranquillity.

A: 特定の色が嫌いな人がいるのはなんでだろう？
B: それはそれぞれの人が与えられた色に何を関連付けるかによると思う。例えば青は悲しみを意味することもあれば平和や静けさを意味することもある。

空所の後ろに with が来ており、associate A with B（A を B と関連付ける）とすれば文意に合う。この文では A の部分は what になり前に出ている

選択肢の単語を全部覚えよう

□□□
separate
[sépəreit]

動 切り離す、分ける　形 別れた、別々の
名 **separation**（分離）　副 **separately**（別々に）

▸ separate the students into two groups（生徒を 2 つのグループに分ける）
▸ The Sea of Japan separates Japan from the continent of Asia.
（日本海が日本とアジア大陸を隔てている）

separate は結びついているものや抽象的な関係を切り離す時に使う。類義語の split は 1 つのものを裂いたり分割したりする時に使い、split the bill で「割り勘にする」となる。divide は集合体を別々に分ける時に使い、divide the pizza「ピザを分ける」のように使う。

□□□
associate
[əsóuʃièit]

動 結び付ける　名 同僚、仲間
名 **association**（協会、連想、交際、提携）

▸ associate red with passion（赤を情熱と結び付ける）
▸ I associate thunderstorms with hiding under the bed as a child.
（雷雨といえば子どもの頃ベッドの下に隠れたことを連想する）

語源は as（方向）+ soc（交わる）で soccer（サッカー）や society（社会）と同語源。associate A with B「A と B を関連づける」は必須表現なので覚えておこう。

□□□
emphasise
[émfəsàiz]

動 強調する　名 emphasis（強調）
形 **emphatic**（強調された）

▸ emphasise the importance of fluency（流暢さの重要性を強調する）
▸ Parents must emphasise reading in early years.
（幼児期には親が読書を重視しなければならない）

emphasise the importance of A（A の重要性を強調する）の型で IELTS スピーキング・ライティングで応用できる。類義語に stress（強調する）highlight（強調する）underscore（下線を引く＝強調する）などがある。

何回解いた？ □1回 □2回 □3回

解答目標タイム ⋯ 20秒

A: Do you often cook at home?

B: I enjoy cooking but find it a pain to (　　　　　) my pantry every time I run out of essential ingredients.

A compute

B scrap

C replenish

□ pantry 名 食料品置き場、貯蔵庫

□ ingredient 名 材料

Answer 9 正解 C **replenish**

A: Do you often cook at home?
B: I enjoy cooking but find it a pain to **replenish** my pantry every time I run out of essential ingredients.

A: よく家で料理をしますか？
B: 料理は好きですが、必要な食材がなくなるたびにパントリーを補充するのは面倒です。

目的語の pantry（食料品貯蔵室）と相性がいいのは (C) の replenish（補充する）。run out of（～を切らす）もヒント

選択肢の単語を全部覚えよう

□□□

compute [kəmpjúːt]

動 計算する、査定する

名 **computer**（コンピュータ）

▸ compute the solution to a problem（解を求める）
▸ The cloud server computes the precise amount of water needed.
（クラウドサーバーは必要な水の量を正確に計算する）

computer（コンピュータ）の動詞形で機械や電算機で計算することを指す。類義語の calculate には「石」という語源があり、石を数えることに由来している。ちなみにフランス語では ord（順序・秩序）という語源の ordinateur と言う。

□□□

scrap [skræp]

動（役に立たないものを）捨てる

類 **discard**（～をポイと捨てる） **dispose**（～を処分する） **dump**（～を投げ捨てる）

▸ scrap the outdated system（時代遅れのシステムを廃棄する）
▸ After much consideration, it was decided to scrap the entire project.
（検討の結果、プロジェクト全体を破棄することになった）

アメリカでよく使われる trash は「紙くずなどの一般的なゴミ」、garbage は「台所から出る生ゴミ」のこと。イギリスでは rubbish「一般的なゴミ」がよく使われる。抽象的な表現として rubbish は「くだらない考え」という意味もあるので覚えておこう。

□□□

replenish [ripléniʃ]

動 補充する、再び満たす

類 **restore**（元に戻す）

▸ replenish the wildlife population in the national park
（国立公園の野生生物の個体数を補充する）
▸ Electrolytes help replenish the balance of fluids in the body.
（電解質は体内の水分のバランスを補う働きがある）

re（再び）+ plen（満たす）が語源で、plural（複数の）plenty（豊富）complete（完成させる）accomplish（達成する）などが同語源である。

何回解いた？ □1回 □2回 □3回

解答目標タイム ⋯ 25秒

A: Are you close with your family?
B: My (   ) family are closer than my extended family, but simply because my grandparents and cousins live outside the city and it takes a while to reach them.

A adoptive
B foster
C immediate

□ extended family 親族、大家族

Answer 10 正解 C **immediate**

A: Are you close with your family?
B: My **immediate** family are closer than my extended family, but simply because my grandparents and cousins live outside the city and it takes a while to reach them.

A: 家族と仲良しですか？
B: 遠い親戚よりは肉親の家族のほうが仲良しです。それは単純に祖父母や従兄弟は市外に住んでいて連絡を取るのに時間がかかるためです。

extended family（拡大家族）と対比されるのは (C) の immediate family（肉親）

選択肢の単語を全部覚えよう

□□□
adoptive
[ədɔ́ptiv]

形 養子縁組した

動 **adopt**（選ぶ、養子にする）
名 **adoption**（採用、養子縁組）

▸ return to an adoptive home（養子縁組の家に戻る）
▸ The couple decided to raise an adoptive child.（その夫婦は養子を育てることにした）

□□□
foster
[fɔ́stə]

動 育てる　形 里親の

類 **cultivate**（耕す）　**nurture**（養育する）

▸ foster open discussion（議論を広げる）
▸ I prefer to foster or adopt rather than have my own biological children.
（自分の実子を持つよりも里親や養子縁組を希望している）

□□□
immediate
[imíːdiət]

形 直接の、迅速な、即座の、隣接した

副 **immediately**（すぐに、ただちに）
類 **instantaneous**（即座の）

▸ make an immediate response（すぐに返事をする）
▸ Greeting immediate neighbours is common in local areas.
（地方では隣人に挨拶することは一般的だ）

im（否定）+ med（中間）で「中間がない」。immediate family は「肉親」で、他にも blood relative（血縁者）close family（近親者）be in immediate proximity to A（A のすぐ近くにいる）などのフレーズを覚えておこう。

単語ネットワーク

Topic 9

Speaking

このトピックで重要な単語をまとめています。こちらもチェックしましょう。

effort
[éfərt]

名 **努力**
put in a great deal of **effort**
多大な努力をする

holiday
[hɔ́lidèi]

名 **休日**
spend a paid **holiday**
有給休暇を過ごす

festival
[féstəvəl]

名 **祭り**
enjoy the annual **festival**
年に一度の祭りを楽しむ

pressure
[préʃər]

名 **圧力**
feel social **pressure**
社会的圧力を感じる

specific
[spisífik]

形 **具体的な**
give a **specific** example
具体例を挙げる

opportunity
[ɔ̀pətjú:niti]

名 **機会**
find an excellent **opportunity**
絶好の機会を見つける

conversation
[kɔ̀nvəséiʃən]

名 **会話**
have a **conversation** over a cup of coffee
コーヒーを飲みながら会話をする

severe
[sivíər]

形 **厳しい**
get out of an exceptionally **severe** condition
極めて厳しい状況を抜け出す

shame
[ʃéim]

名 **恥**
have no sense of **shame**
羞恥心がない

stress
[strés]

名 **ストレス**
cope with the **stress** and anxiety
ストレスと不安に対処する

- □□□

entertaining
[èntərtéiniŋ]

形 **面白い**
create intelligent and **entertaining** novels
知的で面白い小説を作る

- □□□

casual
[kǽʒuəl]

形 **カジュアルな**
in a **casual** setting
カジュアルな環境で

- □□□

response
[rispɔ́ns]

名 **反応**
receive a positive **response**
ポジティブな反応をもらう

- □□□

impression
[impréʃən]

名 **印象**
leave a lasting **impression**
忘れられない印象を残す

- □□□

opposing
[ʌ́pəuziŋ]

形 **反対の**
take the **opposing** view
反対の意見を持つ

- □□□

fashionable
[fǽʃənəbəl]

形 **流行の**
buy **fashionable** shoes
流行の靴を買う

- □□□

concrete
[kɔ́nkri:t]

形 **具体的な**
have a **concrete** plan
具体的な計画がある

- □□□

exchange
[ikstʃéindʒ]

動 **交換する**
exchange birthday cards
誕生日カードを交換する

- □□□

relation
[riléiʃən]

名 **関係**
have good **relations** with A
Aと良い関係を持つ

- □□□

fragile
[frǽdʒəl]

形 **壊れやすい**
handle a **fragile** vase
壊れやすい花瓶を扱う

□□□

rely
[rilái]

動 頼る
rely heavily on the counsellor
カウンセラーに大いに頼る

□□□

mingle
[míŋgl]

動 混じる
mingle with many people
多くの人の中に混じる

□□□

acquaintance
[əkwéintəns]

名 知人
have a mutual **acquaintance**
共通の知人がいる

□□□

contribution
[kɔ̀ntribjú:ʃən]

名 貢献
make a significant **contribution**
重要な貢献をする

□□□

encounter
[enkáuntər]

動 遭遇する
encounter many good friends
多くの良い友人に出会う

□□□

symbolise
[símbəlàiz]

動 象徴する
symbolise calm and simplicity
静穏と純真を象徴する

□□□

farewell
[féərwél]

形 送別の
throw a **farewell** party
送別会をする

□□□

offensive
[əfénsiv]

形 失礼な
make **offensive** remarks
失礼な発言をする

□□□

prejudice
[prédʒədəs]

名 偏見
have gender and racial **prejudice**
性別と人種に偏見がある

□□□

hardship
[há:dʃip]

名 苦難
temporarily forget the **hardship**
一時的に苦難を忘れる

- □□□

frequent
[frí:kwənt]

形 **頻繁な**
keep **frequent** contact
頻繁に連絡を取り合う

- □□□

outgoing
[áutgòuiŋ]

形 **外向的な**
become **outgoing** and adventurous
外向的で冒険的になる

- □□□

spacious
[spéiʃəs]

形 **広々とした**
clean a **spacious** living room
広々としたリビングルームを掃除する

- □□□

miserable
[mízərəbəl]

形 **惨めな**
live a **miserable** life
惨めな生活をする

- □□□

sensitive
[sénsətiv]

形 **敏感な**
talk about a **sensitive** topic
デリケートな話題について話す

- □□□

elaborate
[ilǽbərèit]

動 **詳しく述べる**
elaborate on a story
話題について詳しく説明する

- □□□

vividly
[vívidli]

副 **鮮明に**
remember the day **vividly**
その日を鮮明に覚えている

- □□□

definitely
[défənətli]

副 **間違いなく**
definitely recommend the place
間違いなくその場所を勧める

- □□□

properly
[prápərli]

副 **ちゃんと**
sit down **properly**
ちゃんと座る

- □□□

extremely
[ikstrí:mli]

副 **非常に**
become extremely nervous
非常に緊張する

長文穴埋め問題

Topic 10

Writing

解いて身につく
頻出単語

181 ··· 200

Question **1**

何回解いた？ □1回 □2回 □3回

解答目標タイム ••• 30秒

Genetic variations in offspring is a natural phenomenon which scientists have been trying to map for a very long time. Especially in humans, this can be useful for predicting whether a couple wishing to have children would pass on any hereditary conditions or genetic defects. Genetic counselling is a service available in the (   ) world which allows people to be better informed of the potential outcomes of their choices when choosing to grow their families. This hopefully means that both childbirth and childrearing should be easier than in ancient times, where unexpected mutations could mean disaster for mother and child.

A modern
B pandemic
C democratic

□ genetic 形 遺伝（学）の
□ childrearing 名 育児

Answer
1 正解 A **modern**

Genetic counselling is a service available in the modern world which allows people to be better informed of the potential outcomes of their choices when choosing to grow their families.

子孫の遺伝的変異は自然現象であり、科学者たちは非常に長い間その解明を試みてきた。特に人間の場合、子どもを作ろうとする夫婦が遺伝性疾患や遺伝的欠陥を受け継ぐかどうかを予測するのに有効である。遺伝カウンセリングは**現代**社会で利用できるサービスであり、家族を増やすことを選択する際に、自分の選択によって起こりうる結果についてよりよく知ることができるようになる。このことは予期せぬ変異が母子に災いをもたらす可能性があった古代に比べ、出産や育児が容易になることを意味している。

遺伝子技術に関する文章のため modern（現代の）が最も文脈に合う

選択肢の単語を全部覚えよう

□□□

modern
[mɔ́dən]

形 現代の

動 **modernise**（現代化する）

▸ in this modern society（この現代社会において）
▸ Modern systems of warfare have the capability to destroy millions.
（現代の戦争システムには何百万人もの人々を滅ぼす能力がある）

英語の modern は「最新の」や「近代的な」というニュアンスがあり modern の語源である「尺度」を考慮すると今の瞬間の場面を切り取ったニュアンスとなる。近代美術（モダンアート）は 20 世紀に展開された芸術を意味するため混同注意。

□□□

pandemic
[pændémik]

名 感染症の世界的流行、パンデミック
形（流行病が）広域に広がった

▸ amid the coronavirus pandemic（コロナウイルス世界的流行の最中）
▸ The WHO unveiled a new plan to counter the pandemic.
（WHO はパンデミック対策の新計画を発表した）

pan（全て）+ demic（人々）という語源から全ての人々に広まるという意味になる。epidemic は epi（間）+ demic（人々）という語源から「伝染病」、endemic は en（中に）+ demic（人々）から「地方特有の感染病」を表す。

□□□

democratic
[dèməkrǽtik]

形 民主主義の、民主的な

名 **democracy**（民主主義）

▸ hold a democratic vote（民主的投票を行う）
▸ Democratic countries are generally more peaceful.
（民主党の国は一般に平和である）

demo（人々）+ cracy（政治）で「民衆による政治」である。bureaucrat（官僚）や aristocrat（貴族）と同語源。

何回解いた？ □1回 □2回 □3回

解答目標タイム … 30秒

In vitro fertilisation (IVF) is an incredible development where couples who are struggling to have children can use artificial insemination methods to implant more (　　　　) embryos into the prospective mother's womb. This is a great option for those who are dealing with infertility or genetic disorders. It is of course an expensive process, and indeed a traumatic one, so for many couples it is a last resort where others have failed.

A rigid
B viable
C glossy

□ artificial insemination 人工授精
□ implant 動 移植する
□ embryo 名 胚

Answer 2 正解 B **viable**

In vitro fertilisation (IVF) is an incredible development where couples who are struggling to have children can use artificial insemination methods to implant more **viable** embryos into the prospective mother's womb.

体外受精（IVF）は子宝に恵まれない夫婦が人工授精を行い、より**生存可能な**胚を母親の子宮に移植することができる驚くべき進歩である。この方法は不妊症や遺伝的疾患を抱えている方にとって素晴らしい選択肢である。もちろん人工授精には高額な費用がかかるし、トラウマにもなりかねないので多くのご夫婦にとって他の方法ではうまくいかなかった場合の最後の手段である。

 embryo（胚）と相性が良く、この文脈に合うのは (B) の viable（生存可能な）

選択肢の単語を全部覚えよう

□□□

rigid
[rídʒid]

形 厳格な

類 **strict**（厳しい） **fixed**（厳格な）

▸ dismantle the rigid hierarchical system（厳格な階層システムを解体する）

▸ Being too rigid in one's future planning can only lead to disappointment.
（あまりに硬直的な将来設計は失望を招くだけである）

□□□

viable
[váiəbl]

形 生存可能な、実行可能な、うまくいく

類 **feasible**（実現可能な）

▸ extract viable embryos（生存可能な胚を取り出す）

▸ Surrogacy is not a viable option for me.
（代理出産は私にとって現実的な選択肢ではない）

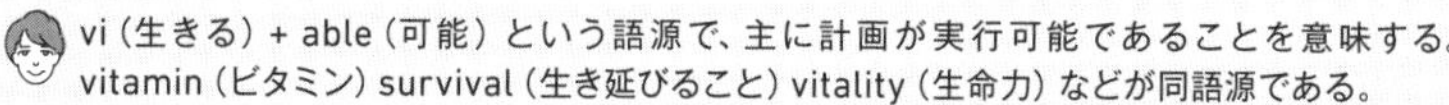
vi（生きる）+ able（可能）という語源で、主に計画が実行可能であることを意味する。vitamin（ビタミン）survival（生き延びること）vitality（生命力）などが同語源である。

□□□

glossy
[glɔ́si]

形 光沢のある

名 **gloss**（光沢、つや 動 つやを出す）

▸ design the covers of glossy magazines（華やかな雑誌の表紙をデザインする）

▸ Signs of drug usage include dilated pupils and glossy eyes.
（薬物使用の兆候として、瞳孔の散大や目の充血がある）

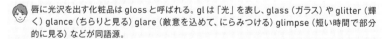

唇に光沢を出す化粧品は gloss と呼ばれる。gl は「光」を表し、glass（ガラス）や glitter（輝く）glance（ちらりと見る）glare（敵意を込めて、にらみつける）glimpse（短い時間で部分的に見る）などが同語源。

Question 3

何回解いた？ □1回 □2回 □3回

解答目標タイム ››› 30秒

The main campus is situated in a busy metropolitan city, and surrounded on three sides by major roads. A large quadrangle in the middle separates the academic buildings from the student living quarters. There are three halls of residence, connected by long corridors. The shower blocks are (　　　　) to the dormitories, but it must be noted that they are only operational between 6am and 11pm. Students share one big dining hall, which serves meals in cohorts of three, organised by dormitory. For example, Rose Hall is served breakfast at 6am, while Grosvenor Hall must wait two hours until their turn.

A adjacent
B misleading
C widespread

□ quadrangle 名 四角形
□ cohort 名 群、組、仲間

Answer 3 正解 A **adjacent**

The shower blocks are adjacent to the dormitories, but it must be noted that they are only operational between 6am and 11pm.

メインキャンパスは交通量の多い大都市に位置し、三方を幹線道路に囲まれている。中央には大きな四角形があり、学術棟と学生の居住区を分けている。学生寮は3つあり、長い廊下でつながっている。シャワー室は寮に**隣接しているが**、午前6時から午後11時までの間しか使用できないので注意が必要である。食事は寮ごとに3人1組で提供される大きな食堂を共有する。例えばローズ・ホールでは朝6時に朝食が提供されるが、グロブナー・ホールでは自分の番が来るまで2時間待たなければならない。

空所の後ろにtoがあるのでadjacent to（～に近い）とすれば文意に合う

選択肢の単語を全部覚えよう

□□□

adjacent
[ədʒéisənt]

形 隣接した

類 **contiguous**（隣接した）

- There is a park adjacent to the library.（図書館に隣接して公園がある）
- Cleanliness is adjacent to godliness, so I make sure to tidy up my room everyday.（清潔は神の領域に通じるので、私は必ず毎日部屋を片付ける）

A is adjacent to B.（AはBに隣接している）という用法でIELTSライティングTask1の地図問題で必須表現である。

□□□

misleading
[mislí:diŋ]

形 誤解を招く

動 **mislead**（誤った方向に導く）

- misleading information（誤解を招く情報）
- The government should get rid of misleading advertisements.（政府は誤解を招く宣伝を取り除くべきである）

mis（誤って）＋lead（導く）が語源で、類義語はconfusing（混乱させるような）やdeceptive（騙すような）などがある。接頭辞misが付く単語は他にもmisunderstanding（誤解）、miscommunication（誤解）などがある。

□□□

widespread
[wáidspréd]

形 広範囲に及ぶ、広く行き渡った

形 **wide**（広い）　副 **widely**（広く）　名 **width**（広さ）

- attract widespread criticism（広く批判を呼ぶ）
- At-home skincare has become widespread among the general public.（家庭でのスキンケアは一般の人々に普及している）

類義語にbroad（幅が広い）massive（巨大な）spacious（空間が広い）ample（広い、十分な）vast（広大な）roomy（広々とした）などがある。

何回解いた？ □1回 □2回 □3回

解答目標タイム ･･･ 30秒

In November 2022, the world's population reached an unprecedented 8 billion people. This milestone had taken 12 years since the previous billion, but compare that to the 200,000 years before the first, and the 200 overall it took to reach 7 billion. Fortunately, the trend seems to be reversing. The (　　　) of global population growth is set to slow down, but the fear is that resource depletion will still outrun that. The concentration of growth in the world's poorest countries, who are already struggling to feed and maintain their peoples, means that drastic changes are required to mitigate damage.

A surge
B plummet
C trajectory

□ unprecedented 形 前例のない、前代未聞の、史上初の
□ mitigate 動 和らげる

Answer **4** 正解 C **trajectory**

The **trajectory** of global population growth is set to slow down, but the fear is that resource depletion will still outrun that.

2022年11月、世界の人口が空前の80億人に到達した。このマイルストーンは前の10億人から12年かかっているが、最初の10億人になるまでの20万年、70億人に達するまでにかかった合計200年と比較してみよう。幸いなことに、この傾向は逆転しているようだ。世界の人口増加の**軌跡**は鈍化すると言われているが、それでも資源の枯渇がそれを上回ることが危惧されている。人口増加が世界の最貧国に集中し、彼らがすでに国民の食糧と維持に苦労していることから被害を軽減するには思い切った変化が必要である。

of の後ろの growth（成長）と相性がいいのは (C) の trajectory（軌道）

選択肢の単語を全部覚えよう

□□□

surge
[sə́:dʒ]

名 短期的な高騰、需要の高まり
名 急上昇、急増、急騰
類 **upsurge**（急増）

▸ global surge in the price of oil（石油価格の世界的高騰）
▸ Electricity prices are set to surge this winter, so homeowners are urged to negotiate with their service providers.
（この冬は電気料金が高騰するため、各家庭ではサービスプロバイダーと交渉することを勧める）

□□□

plummet
[plʌ́mət]

名 急落　動 垂直に落ちる、急落する
類 **plunge**（急落する）

▸ The temperature of the water plummeted at 25 metres.
（水深25mで水温が急降下した）
▸ Share values continued to plummet through the rest of the year.
（その後も株価は急落を続けた）

□□□

trajectory
[trədʒéktəri]

名 軌道、過程
類 **path**（通路）　**course**（進路）

▸ developmental trajectory of children（子どもの発達の軌跡）
▸ The trajectory of the rocket changed course.（ロケットの軌道が進路を変えた）

trajectory の語源は trans（横切る）+ ject（投げる）+ ory（形容詞）でボールや弾丸などが軌道を描く経路であると解釈できる。trajectory of the typhoon（台風の進路）や developmental trajectory of children（子どもの発達の軌跡）で覚えておこう。

何回解いた？ □1回 □2回 □3回

解答目標タイム ››› 30秒

Previously, families lived in intergenerational dwellings where multiple levels of the family tree interacted and were interdependent in daily living. As cities grew and industrialisation changed the working landscape, young people moved out and the concept of the nuclear family was born. This worked well for a while, but sociologists are starting to recognise the new problems brought by this change. The increasing distance between generations poses a (　　　　) for those parents who cannot rely on their own parents for childcare. Although this creates a new tier of employment for some people, others are being forced out of the workforce.

A tension
B setback
C dilemma

□ dwelling 名 住居
□ interdependent 形 相互依存の

Answer 5 正解 C **dilemma**

The increasing distance between generations poses a **dilemma** for those parents who cannot rely on their own parents for childcare.

以前、家族は世代を超えた住居に住み、家系図の複数のレベルが日常生活で交流し、相互依存していた。しかし都市が発展し、工業化によって労働環境が変化するにつれ、若い人たちは外へ出て行き、核家族という概念が生まれた。これは上手く機能していたが社会学者達はこの変化がもたらす新たな問題を認識し始めている。世代間の距離の拡大は子育てを親に頼ることができない年配の親にとって**ジレンマ**をもたらす。これはある人々にとっては新たな雇用の層を生み出すが、他の人々は労働力から追い出されつつあるということなのだ。

空所の前の pose と相性がいいのは (C) の dilemma (ジレンマ)

選択肢の単語を全部覚えよう

□□□
tension
[ténʃən]
名 緊張、張力

- an increasing sense of tension (高まる緊張感)
- The tension in the rope will help lift the object at the other end of the pulley. (ロープの張力は滑車のもう一方の端にある物体を持ち上げるのに役立つ)

□□□
setback
[sétbæk]
名 逆行、挫折、失敗

- overcome numerous setbacks (様々な挫折を乗り越える)
- Despite an initial setback, the company was able to maximise its profits in the second quarter.
(当初は後退したものの会社は第 2 四半期には利益を最大化することができた)

□□□
dilemma
[dilémə]
名 ジレンマ、窮地、板ばさみ

- present someone with a dilemma (ジレンマを突きつける)
- I was caught in a dilemma. (私は板ばさみとなった)

dilemma はギリシャ語由来で「二重の問題」という語源があり、選択肢のどちらも受け入れられないような状況や板ばさみの状態を意味する。ゲーム理論における prisoner's dilemma (囚人のジレンマ) が有名である。

何回解いた？ □1回 □2回 □3回

解答目標タイム ››› 30秒

Climate change has a direct link to poverty, as increasing incidences of natural disasters like hurricanes, wildfires and droughts mean that people in vulnerable communities live ever more in danger of displacement and loss of food sources. Combating climate change requires an international effort, and a failure to do so will disproportionately affect the poor. Multiple nations met at the UN Climate Change Conference and resolved to achieve carbon neutrality and to (　　　　) poverty and food insecurity. Under the banner of 'together for our planet', the focus was getting parties to commit to limit global temperature increase to 1.5°C.

A seek
B worsen
C eradicate

□ drought 名 干ばつ
□ disproportionately 副 不釣り合いに
□ commit 動 約束させる

Answer **6** 正解 C **eradicate**

Multiple nations met at the UN Climate Change Conference and resolved to achieve carbon neutrality and to **eradicate** poverty and food insecurity.

ハリケーン、山火事、干ばつなどの自然災害が増加し、脆弱なコミュニティに住む人々は避難や食料源の喪失の危険にさらされることになるため、気候変動は貧困と直結している。気候変動への対策には国際的な取り組みが必要であり、それができなければ貧しい人々に不釣り合いな影響を与えることになる。国連気候変動会議で複数の国が集まり、カーボンニュートラルの達成と貧困と食糧不安の**撲滅**を決議した。「私達の地球のために共に」という旗印のもと、世界の気温上昇を1.5℃に抑えることを締約国に約束させることに焦点が当てられた。

空所の後ろに poverty and food insecurity（貧困と食糧不安）を目的語にとり、国連の目標という文脈に合うのは eradicate（根絶する）

選択肢の単語を全部覚えよう

□□□

seek
[síːk]

動 探求する、得ようと努める

- seek out new opportunities for growth（成長のための新しい機会を探す）
- I seek adventures and new experiences wherever I travel.
（どこへ行っても冒険と新しい経験を求めている）

類語に search for（探し求める）track down（見つけ出す）などがある。

□□□

worsen
[wə́ːsn]

動 さらに悪くなる、悪化する

形 **worse**（より悪い） **worst**（最も悪い）

- worsen day by day（日に日に悪くなる）
- As income inequality worsens, more people struggle to survive.
（所得の不平等が悪化するにつれて、生き残るのに苦労する人が増えている）

□□□

eradicate
[irǽdikèit]

動 根絶する

名 **eradication**（根絶）

- eradicate and eliminate diseases（病気を根絶し排除する）
- Vast swathes of forest are being eradicated as we speak.
（今まさに広大な森林が破壊されようとしている）

e（外に）+ rad（根）が語源で、根こそぎ取り払うというニュアンスで「根絶する」という意味になる。root（根）radish（大根）radical（根本的な）と同語源。類義語に exterminate（完全に駆除する）や extirpate（駆除する）があり、共通して接頭辞の ex（外に）が付くので外に追いやるイメージがある。また類義の熟語の wipe out（全滅させる）や root out（根絶する）も「外へ」を意味する前置詞の out が付く。

Question 7

何回解いた？ □1回 □2回 □3回

解答目標タイム … 30秒

Nurture is as important as nature when it comes to the development of children. Right from birth, children need a warm and loving environment to help support their physical and mental growth. Studies show that babies as young as six months old who have been (　　　　) of physical contact and attention when they cry develop attachment problems in later life. Even though parents may consider their children to be well-adjusted and functioning individuals, these beliefs are truly challenged when these children grow into adulthood and fly the nest. It is mostly in middle age that repressed traumas and psychological issues surface.

A accused
B deprived
C reminded

□nurture 名 育成、養育
□attachment 名 愛着

Answer
7 正解 B **deprived**

Studies show that babies as young as six months old who have been **deprived** of physical contact and attention when they cry develop attachment problems in later life.

子どもの成長には自然と同じくらい「育つ」ことが大切である。子どもは生まれた時から心身の成長を支えるために温かく愛情に満ちた環境を必要としている。生後 6 ヶ月の赤ちゃんが泣いた時に身体的な接触や注意を向けられ**なかった**場合、その後の人生で愛着の問題を引き起こすという研究結果がある。親は自分の子どもは順応性があり機能していると考えていても、その子ども達が大人になって巣立つ時にその信念が真に問われることになる。抑圧されたトラウマや心理的な問題が表面化するのはほとんどが中年期である。

deprive A of B（A から B を奪う）の deprived を入れれば、「接触や注意を奪われた赤子」となり文意に合う

選択肢の単語を全部覚えよう

□□□

accuse
[əkjú:zd]

動 告発する、非難する

名 **accusation**（告発、非難）

- accuse of inappropriate behaviour and misconduct
（不適切な行動や不正行為で告発する）
- It is easy to falsely accuse people online where accusers cannot be held accountable.
（告発者が責任を問われない場合、オンラインで人々を誤って告発するのは簡単である）

□□□

deprive
[dipráiv]

動 奪う

名 **deprivation**（剥奪、損失、欠如）

- deprive animals of their natural habitats（動物の自然の生息地を奪う）
- You cannot deprive children of their autonomy.
（子ども達の自主性を奪うことはできない）

deprive の語源は de（分離）+ priv（個人）と解釈できる。A deprives 人 from ~ ing の無生物主語の形式で使えばライティングで好評価となる文章が書ける。類義語には steal（人からこっそり盗む）strip（裸になるほど、全てを奪う）bereave（事故や病気が人から近親などを奪い去る）などがある。

□□□

remind
[rimáind]

動 思い出させる、気付かせる

名 **reminder**（思い出させる人・もの）

- remind the student to use proper grammar and vocabulary
（適切な文法と語彙を使用するよう生徒に思い出させる）
- It is important to remind yourself to stay focused and calm during the IELTS speaking test.
（IELTS のスピーキングテストでは集中力と冷静さを保つことが重要である）

何回解いた？ □1回 □2回 □3回

解答目標タイム … 30秒

The graph above tracks the relationship between annual income of women in their 20s and 30s, their education level, and the relative interest shown in them by potential partners on a popular dating app. There are some variations according to age and location, but in general, there is a clear pattern in the dating prospects of participants in the study. Women experience that as their education and income increase, the number of suitable partners willing to date them (　　　　). This was most obvious with those listing their highest education level as postgraduate or higher, earning more than £100,000/year.

A augments
B dwindles
C languishes

□ track 動 跡をたどる
□ postgraduate 名 大学院生、研究生

Answer 8　正解 B **dwindles**

Women experience that as their education and income increase, the number of suitable partners willing to date them **dwindles**.

上のグラフは 20 代～ 30 代の女性の年収、教育レベル、そして人気の出会い系アプリで相手から示される相対的な関心度の関係を追跡したものである。年齢や地域によって多少の違いはあるが、一般的にこの研究の参加者の出会いには明確なパターンがある。女性は学歴や収入が上がるにつれて自分とデートしてくれる適切なパートナーの数が**減っていく**ことを経験している。これは最高学歴を大学院以上とし、年収が 10 万ポンド以上ある人で最も顕著であった。

the number という主語と相性がいいのは (B) の dwindle (だんだん小さくなる)

選択肢の単語を全部覚えよう

□□□

augment
[ɔːgmént]

動 増加させる

名 **augmentation** (増強)

▸ new ways to augment the brand recognition (ブランド認知度を高める新しい方法)

▸ HR is implementing a revamped system to augment recruitment.
(人事部は採用を強化するために刷新されたシステムを実装している)

augment の au は「増える」という語源があり、サイズや価値を増やす時に使われる。値段が上がっていく auction (競売) や作品を世に出し権威が増していく author (著者) が同語源。

□□□

dwindle
[dwíndl]

動 だんだん小さくなる

▸ dwindle as a result of economic stagnation (不景気により減少する)

▸ My motivation to work dwindles as the day progresses.
(日が経つにつれて仕事へのモチベーションが下がっていく)

サイズや数が徐々に少なくなっている様子を表し、自動詞でしか用いることができないので要注意。他にも decrease (数が減少する、減少させる) reduce (数量や値段を減少させる) lessen (数を少なくする) diminish (数や重要性が減少する、減少させる) shrink (縮む、縮める) などがある。

□□□

languish
[lǽŋgwiʃ]

動 衰弱する、植物がしおれる、活気がなくなる

類 **wear off** (徐々に効果が消える)

▸ languish away in prison (刑務所で苦しむ)

▸ Without proper nutrition or water, the plants here will languish.
(適切な栄養や水がなければここの植物はしおれてしまう)

languish の語源は「緩んだ」で relax (リラックスする) や slack (緩い) と同語源。動植物の元気がなくなるという意味以外に会社の業績や商売が好ましくない状態の時にも使う。

Question 9

何回解いた？ □1回 □2回 □3回

解答目標タイム ⋯ 30秒

Public libraries are the lifeblood of a community and there should be concerted efforts to maintain and improve them. An (   ) amount of people rely on public libraries to navigate their lives. From the harried mother dropping off her children in the reading corner to the unemployed homeless man who uses the free computers to write up and print his CV, the services provided by the local library can make a real difference to someone's life. The misconception that ebooks and digital technology are making books and libraries obsolete can clearly be disproven by the spaces packed morning and afternoon.

A arduous
B favourable
C innumerable

□ lifeblood 名 活力源、不可欠なもの
□ misconception 名 誤解、思い違い

Answer 9 正解 C innumerable

An **innumerable** amount of people rely on public libraries to navigate their lives.

公共図書館は地域社会の活力源であり、その維持・向上のための努力が必要である。**数え切れない**ほどの人々が公共図書館に頼って生活している。読書コーナーで子どもを預ける母親から、無料のコンピュータを使って履歴書を作成・印刷する失業中のホームレスまで、地元の図書館が提供するサービスは誰かの生活に真の変化をもたらすことができる。電子書籍やデジタル技術が本や図書館を時代遅れにしているという誤解は午前も午後も満員のスペースで明らかに否定された。

空所の後ろの amount と相性がいいのは (C) の innumerable (数え切れない)

選択肢の単語を全部覚えよう

□□□

arduous [á:dʒuəs]

形 困難な、骨の折れる、根気強い

反 **easy** (簡単な)

- prepare for the arduous race (困難なレースに向けて準備する)
- Trekking across the Sahara can be an arduous but worthwhile accomplishment.
(サハラ砂漠を横断するトレッキングは大変だが、価値ある偉業である)

非常に多くの努力やエネルギーを必要とする仕事や訓練、勉強などに用いられる文語表現であり IELTS ライティング Task2 で使うことができる。

□□□

favourable [féiv(ə)rəbl]

形 好意的な、好都合な 米 **favorable** (好意的な)

名 **favour** (好意)

- favourable situation (好都合な状況)
- All plants require favourable conditions for growth.
(全ての植物は生育に適した環境を必要とする)

語源は fav (好意) で「都合が良い」以外にも天候が良い時に使われることが多く、限定用法でも叙述用法でも使う。形も意味も似ていて注意が必要な形容詞に favourite (一番好きな) がある。

□□□

innumerable [injú:mərəbəl]

形 数え切れない

類 **myriad** (無数の) **numerous** (多数の)

- innumerable future choices (無数の将来の選択肢)
- This island had an innumerable number of mosquitoes.
(この島には数え切れないほどの量の蚊がいた)

数が多いことを表す形容詞は、many (たくさん) や a lot of (多くの) だけではなく、i (否定) + numer (数える) + able (可能) という語源を持つより高度な innumerable を用いて表現できる。似た表現の numerous (多数の) は形式的な表現なので IELTS ライティングに最適である。

何回解いた？ □1回 □2回 □3回

解答目標タイム … 30秒

This map shows the levels of noise pollution in and around the city of London. As private vehicle ownership has skyrocketed in previous years, city residents have had to pay the spillover costs of increased traffic and prolonged rush hour periods. There are clear hotspots of noise pollution across the map in busier, more populated areas, but levels reach a ( ) closest to the M25 ring road. The stretches between junctions 13 and 14, south of Heathrow Airport, and between 14 and 15 especially clock in consistently high decibel rates, closely followed by dense areas like Soho and Covent Garden.

A role
B peak
C myth

- □ skyrocket 動 急増する
- □ consistently 副 一貫して

Answer 10　正解 B　peak

There are clear hotspots of noise pollution across the map in busier, more populated areas, but levels reach a peak closest to the M25 ring road.

この地図はロンドン市内とその周辺における騒音レベルを示している。近年、自家用車の保有台数が急増しているため、交通量の増加やラッシュアワーの長期化により、都市住民はその代償を払わなければならなくなった。騒音が発生しやすい場所は人口が多く賑やかな場所に集中しているが、M25 環状道路の近くでは騒音レベルが**ピーク**に達する。特にヒースロー空港の南側にあるジャンクション 13 と 14 の間、および 14 と 15 の間は常に高いデシベルを記録しており、ソーホーやコヴェントガーデンなどの密集地帯もそれに続いている。

空所の前の動詞 reach と相性がいい名詞は (B) の peak (ピーク)

選択肢の単語を全部覚えよう

□□□
role
[róul]

名 役割、劇の役
類 **part** (役割)

- play an important role in health (健康において重要な役割を果たす)
- The United Nations plays a pivotal role in international relations.
  (国連は国際関係で重要な役割を果たしている)

役者の台詞が書かれた巻物 (roll) が語源。ゲーム用語の RPG は role-playing game で「役を演じるゲーム」となる。play a role in A (A において役割を果たす) は基本表現である。

□□□
peak
[píːk]

名 ピーク、山頂、最盛期、最大値　形 最高の、ピークの
形 **off-peak** (閑散時の)

- at the peak of the season (その季節のピークで)
- Museum visits reached a peak around noon, though gift shop purchases remained low.
  (美術館への訪問は正午頃にピークに達したがギフトショップでの購入は依然として低調だった)

山の頂上という意味がある peak はライティング Task1 のグラフ問題で最大値を描写する時の必須表現。類義語の summit (頂上) zenith (絶頂) apex (頂点) は人生や成功における文脈でも使われる。

□□□
myth
[míθ]

名 神話、作り話
名 **mythology** (神学)　形 **mythical** (神話の)

- story about a well-known myth (よく知られている神話の物語)
- Myths are stories that explain the origin of events from the distant past.
  (神話とは遠い過去の出来事の起源を説明する物語である)

myth は自然現象などを説明するための神や英雄の物語。legend (架空の人物における伝説) fable (教訓的な寓話、架空の話) saga (大河小説、武勇伝、英雄物語) と区別しよう。

単語ネットワーク

Topic 10

Writing

このトピックで重要な単語をまとめています。こちらもチェックしましょう。

□□□

enjoy
[indʒɔ́i]

動 **享受する**
enjoy a dramatic increase
劇的な増加を享受する

□□□

suffer
[sʌ́fər]

動 **苦しむ**
suffer a marked decline
著しい減少に苦しむ

□□□

impact
[impækt]

名 **影響**
have a negative **impact** on morale
士気にネガティブな影響を与える

□□□

period
[píəriəd]

名 **期間**
in the **period** of a decade
10 年間の間に

□□□

growth
[gróuθ]

名 **成長**
enjoy significant **growth**
大幅な増加を享受する

□□□

process
[próuses]

名 **過程**
describe the manufacturing **process**
製造過程を描写する

□□□

outline
[áutlàin]

名 **概要**
provide an **outline**
簡単な概要を述べる

□□□

effect
[ifékt]

名 **効果**
have a marginal **effect** on profits
利益にわずかな効果しかない

□□□

spilt
[spílt]

動 **分ける**
split the bill in half
請求書を 2 つに分ける

□□□

overall
[óuvərɔ̀:l]

形 **全体的な**
show an **overall** decline
全体的な減少を見せる

- □□□

range
[réindʒ]

名 範囲
cover a wide **range** of topics
広範囲の話題をカバーする

- □□□

stark
[stá:k]

形 完全な
show a **stark** difference
完全な違いを見せる

- □□□

necessity
[nəsésəti]

名 必要性
highlight the **necessity** of good leadership
優れたリーダーシップの必要性を強調する

- □□□

crucial
[krú:ʃəl]

形 決定的な
play a **crucial** role
決定的な役割を果たす

- □□□

outnumber
[àutnʌ́mbər]

動 数で勝る
outnumber the population of sheep
羊の個体数に勝る

- □□□

compare
[kəmpéər]

動 比較する
compare apples and oranges
リンゴとオレンジを比較する

- □□□

downward
[dáunwəd]

形 下向きの
demonstrate a **downward** trend
減少傾向を見せる

- □□□

correspond
[kɔ̀rispɔ́nd]

動 一致する
correspond exactly with A
A と完全に一致する

- □□□

profound
[prəfáund]

形 深い
have a **profound** effect on history
歴史への深い影響がある

- □□□

coherent
[kouhíərənt]

形 首尾一貫した
give the most **coherent** explanation
最も首尾一貫した説明をする

□□□

paragraph
[pǽrəgræ̀f]

名 **段落**
in the previous **paragraph**
前の段落に

□□□

conclusion
[kənklúːʒən]

名 **結論**
reach a satisfactory **conclusion**
満足のいく結論に至る

□□□

production
[prədʌ́kʃən]

名 **生産**
stop the mass **production**
大量生産をやめる

□□□

controversy
[kɑ́ntrəvə̀ːsi]

名 **論争**
controversy over the use of guns
銃使用に関する論争

□□□

phenomenal
[finɔ́minəl]

形 **驚異的な**
experience **phenomenal** growth
驚異的な成長をする

□□□

awareness
[əwέərnəs]

名 **意識**
raise public **awareness** of the issue
その問題に対する国民の意識を高める

□□□

overshoot
[òuvərʃúːt]

動 **通り越す**
overshoot the number of customers
顧客数を超える

□□□

optimistic
[ɔ̀ptimístik]

形 **楽観的な**
have an **optimistic** view of the future
未来に関して楽観的な見解をする

□□□

proportion
[prəpɔ́ːʃən]

名 **割合**
reach a substantial **proportion**
かなりの割合に達する

□□□

advantageous
[æ̀dvəntéidʒəs]

形 **有益である**
prove **advantageous** to society
社会にとって有益であると判明する

- □□□

slightly
[sláitli]

副 **わずかに**
drop **slightly** in twenty years
20 年間でわずかに降下する

- □□□

steeply
[stí:pli]

副 **急激に**
rise **steeply** over the period
その期間で急上昇する

- □□□

annually
[ǽnjuəli]

副 **毎年**
attract millions of tourists **annually**
毎年何百万人もの観光客を引き寄せる

- □□□

periodically
[pìriádikəli]

副 **定期的に**
review the progress **periodically**
進捗状況を定期的に確認する

- □□□

enormously
[inɔ́:məsli]

副 **大幅に**
increase **enormously** over a short period of time
短期間に大幅に増える

- □□□

increasingly
[inkrí:siŋli]

副 **ますます**
become **increasingly** important
ますます重要になる

- □□□

dramatically
[drəmǽtikəli]

副 **劇的に**
dramatically reduce the number of rodents
げっ歯動物の数を劇的に減らす

- □□□

considerably
[kənsídərəbli]

副 **かなり**
change **considerably** within two years
2 年間でかなり変化する

- □□□

relatively
[rélətivli]

副 **比較的に**
remain **relatively** stable
比較的安定している

- □□□

marginally
[má:rdʒʌnʌli:]

副 **わずかに**
marginally high
わずかに高い

長文穴埋め問題

Topic 11

Reading

解いて身につく頻出単語

201 … 220

何回解いた？ □1回 □2回 □3回

解答目標タイム ››› 1分50秒

Migration and Displacement

The 2015 European migrant crisis refers to the unprecedented flux of migrants from the Middle East and Africa into the European continent. Many of these migrants were fleeing wars in Syria, Iraq, and Afghanistan, but others also made the difficult and treacherous journey in hopes of finding safe refuge from terrorism and persecution. This was the biggest migration of people into Europe since World War II, with a record 1.3 million people requesting asylum in that year alone.

Aside from the huge human cost of millions of vulnerable people crossing the Aegean Sea in filthy, cramped and unserviceable vessels, usually at the hands of profiteering, unscrupulous smugglers, the migrant crisis brought into question the way in which the EU and individual European states deal with the shared burden of (h　　　　) assistance. Since many of the migrants were entering Europe through poorer EU Members like Greece and Turkey, divisions soon arose about the level of resources contributed by wealthier Members like Germany, which for many refugees was the desired final destination.

In the long term, migration has significant effects on domestic politics in receiving countries. Especially given the origin of most migrants during this wave, i.e. Muslim and non-Western, right wing populist parties took the opportunity to capitalise on increasing anti-immigrant sentiment and urged suspicion and intolerance of the refugees. Populist leaders like Viktor Orban of Hungary fared particularly well with his strong border policies, while more lenient ones like Angela Merkel of Germany faced increasing scrutiny and domestic dissent.

(　　)には「人道主義の」を意味する語が入る

Answer 1 正解 **humanitarian**

選択肢の単語を全部極めよう

□□□

humanitarian [hjuːmæ̀nitéəriən]

形 人道主義の 名 人道主義者

名 **humanity**（人間性） 類 **philanthropic**（博愛主義の）

- from a humanitarian perspective（人道的な視点から）
- The volunteers make humanitarian efforts in providing medical care.
（ボランティアは医療を提供する人道的な努力をしている）
- The doctors and nurses who volunteered to work in the war-torn region are true humanitarians.
（戦争で荒廃した地域で働くために志願した 医師や看護師は真の人道主義者である）

建築家の坂茂さんが本質的な人命救助や身を粉にして行う活動を世界中の被災地で行っていてそれを humanitarian mission とメディアが描写していた。humanitarian は人間らしさを追求した先にある価値と人間ができる社会への貢献を描写する時に使われ、名詞形の humanity は「人間性」「人間愛」「人間の本質」を意味する言葉である。複数形の humanities は「人文学」を指し、日本の大学では humanities（文系）と science（理系）に区別されるが、その隔たりは少なくなってきている。

移住と変容

2015年の欧州移民危機とは中東やアフリカから欧州大陸に流入した前例のない移民の流れのことを指す。これらの移民の多くはシリア、イラク、アフガニスタンでの戦争から逃れてきたが、テロや迫害からの安全な避難先を求めて、困難で危険な旅をした人々もいた。これは第二次世界大戦後、ヨーロッパへの最大の人の移動であり、この年だけで130万人の亡命希望者が記録された。

何百万人もの弱い立場の人々が不潔で窮屈な整備されていない船でエーゲ海を渡り、通常は利益を追求する悪徳密輸業者の手にかかるという大きな人的犠牲もさることながら、移民危機はEUと個々の欧州諸国が**人道**支援の負担を共有するための対処方法に疑問を投げかけた。移民の多くがギリシャやトルコといった貧しいEU加盟国を経由してヨーロッパに流入したため、多くの難民にとって最終目的地であるドイツのような裕福な加盟国がどの程度の資源を提供するのか、すぐに意見が分かれた。

長期的には移民は受け入れ国の国内政治に大きな影響を与える。特に今回の移民の多くがイスラム教徒や非西洋人であったことから、右翼ポピュリスト政党は反移民感情の高まりに乗じて、難民に対する疑念と不寛容を促した。ハンガリーのヴィクトール・オルバンのようなポピュリストの指導者はその強力な国境政策で特に成功を収めたが、ドイツのアンゲラ・メルケルのようなより寛大な指導者は監視と国内の反対意見の増加に直面した。

何回解いた？ □1回 □2回 □3回

解答目標タイム ･･･ 90秒

Cultural Heritage

Preserving a country's cultural heritage can be a tricky endeavour, especially when environmental factors such as natural disasters, or political intervention like war and colonisation get in the way. Two big challenges have arisen out of these particular issues: the conservation of cultures on the verge of extinction, and the reclaiming of national treasures lost to empire.

Amongst the deluge of environmental catastrophes caused by human activity and climate change is the very real threat of countries being completely submerged as sea levels continue to rise. Kiribati is slated to be the first country to entirely disappear underwater. But by 2100, the World Economic Forum predicts that major cities like Dhaka, Lagos and Bangkok will also have been lost to the sea. Such dire warnings have (p　　　　) the tiny island nation of Tuvalu to turn to the digital world for a solution, publicly declaring its intention to recreate a digital version of itself in the metaverse, saved forever for future generations.

A different problem altogether is the historical looting of culturally significant artefacts from colonised nations by former European empires. The British Museum in London has recently garnered a lot of attention as multiple former colonies have requested the return of contested objects. Some famous examples include the Greek sculptures the Elgin Marbles, taken from the Parthenon and the Acropolis of Athens, and the Benin Bronzes, looted by British colonial troops from the former Kingdom of Benin in the late nineteenth century. Their repatriation entails meaningful recognition of past wrongs.

(　　　　)には「駆り立てた」を意味する語が入る

Answer 2 正解 prompted

選択肢の単語を全部極めよう

□□□

prompt
[prɔ́mpt]

動 刺激して駆り立てる
形 早速の、迅速な、機敏な
名 刺激、思い出させるもの、プロンプト

名 **promptness**（機敏さ）

▸ give a prompt reply to clients（クライアントに迅速な返答をする）
▸ The melody prompted memories of my childhood.
（そのメロディーは私の子どもの頃の記憶を呼び起こした）
▸ The teacher prompted the students to participate in pair work.
（先生は生徒達にペアワークに参加するよう促した）

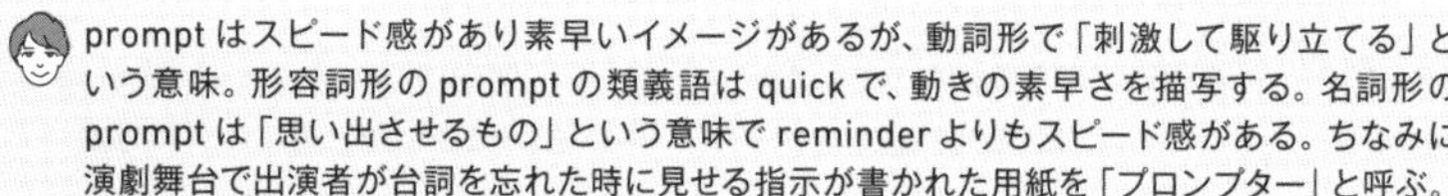

prompt はスピード感があり素早いイメージがあるが、動詞形で「刺激して駆り立てる」という意味。形容詞形の prompt の類義語は quick で、動きの素早さを描写する。名詞形の prompt は「思い出させるもの」という意味で reminder よりもスピード感がある。ちなみに演劇舞台で出演者が台詞を忘れた時に見せる指示が書かれた用紙を「プロンプター」と呼ぶ。

文化遺産

自然災害などの環境要因や戦争や植民地化などの政治的要因によって、国の文化遺産を保護することは難しいことである。絶滅の危機に瀕している文化の保護と帝国に奪われた国宝の再生という 2 つの大きな課題がある。

人間活動と気候変動がもたらす環境破壊の大洪水の中で、海面が上昇し続けることによって国が完全に水没してしまうという現実的な脅威がある。キリバス共和国は海底に完全に消滅する最初の国になる予定である。しかし世界経済フォーラムは 2100 年までにはダッカ、ラゴス、バンコクなどの大都市も海に消えてしまうと予測している。このような悲惨な警告を受けて、小さな島国であるツバルは解決策としてデジタル世界に目を向け、メタバースに自国のデジタル版を再現し、未来の世代のために永遠に保存することを**駆り立てた**。

これとは全く別の問題として、かつてのヨーロッパ帝国が植民地化した国々から文化的に重要な品々を歴史的に略奪していることがある。ロンドンの大英博物館は最近、複数の旧植民地から係争物の返還を要求され、注目を集めている。例えばアテネのパルテノン神殿やアクロポリスから持ち出されたギリシャ彫刻「エルギン・マーブル」や、19 世紀後半に旧ベナン王国からイギリス植民地軍によって略奪された「ベナン青銅器」などが有名である。これらの返還には過去の過ちを認識する意味がある。

何回解いた？ □1回 □2回 □3回

解答目標タイム ••• 90秒

Pompeii

Near elegant, panoramic Naples, set against the rich, intense landscape of Italy's Campania region and nestled at the southeastern base of Mount Vesuvius lies the historic site of Pompeii, one of two significant sites almost completely preserved in ash by the eruption of Vesuvius in 79 AD. Frozen in time and relatively untouched even through periodic excavations throughout history, the remains at Pompeii offer a haunting snapshot of Roman life at the time at which the city was destroyed.

Archaeologists have been able to glean much information from what has been found at Pompeii. Most obvious are the structural insights into how the city was built and planned, with sophisticated, extravagant buildings and highly organised communities. The lavish art, furnishings and decorations found there evidence a fairly wealthy city, while studies of refuse and the latrine systems have allowed researchers to (e　　　　　) even the particulars of the Pompeiian diet. Graffiti on the walls has preserved lost colloquial Latin, and the variety of skeletons have helped clear up myths about Roman lifestyles and physiology.

As a UNESCO World Heritage Site, Pompeii draws millions of visitors each year. One of the biggest attractions is the plaster casts of real life people caught in their final moments of life. These were made by archaeologists filling up the cavities of decayed organic remains which had been interred in the ash from the eruption. Aside from the obvious scientific value of these moulds, many are drawn to the bodies as a fascinating portrayal of death.

(　　　　)には「推定する」を意味する語が入る

Answer
3 正解 **extrapolate**

選択肢の単語を全部極めよう

□□□

extrapolate
[ikstrǽpəlèit]

動 (既知の事柄や情報から) 推定する

類 **guess** (推測する) **estimate** (見積もる)

- extrapolate trends from the data (データから傾向を推定する)
- My role is to extrapolate the company's future financial performance.
(私の役割は会社の将来の財務実績を推定することである)
- It is difficult to extrapolate the result from this data.
(このデータから結果を推定することは困難である)

extrapolate A from B (B から A を推定する) の形でアカデミックな文脈でも頻出で、あらゆる既知の情報やデータなどを元に推定したり結論付けたりする時に使う。つまり科学的・数学的・統計的な手法を用いて世の中の動向などを推定すると解釈できる。類義語の infer や deduce もエビデンスに基づいて結論付けることを意味するが、extrapolate の場合は今あるデータやトレンドがより強調される。

ポンペイ

イタリア・カンパーニャ地方の豊かで力強い風景が広がるナポリの近く、ヴェスヴィオ山の南東麓に紀元 79 年のヴェスヴィオ山噴火で灰燼に帰した 2 つの重要遺跡の一つ、ポンペイの史跡がある。ポンペイの遺跡は、ローマ帝国が破壊された当時の生活を時間が止まったように手づかずのまま残している。

考古学者達は、ポンペイで発見されたものから多くの情報を得ることができた。最も顕著なのは洗練された豪華な建物や高度に組織化されたコミュニティなど、都市がどのように建設され、計画されていたかを構造的に解明することである。豪華な美術品、家具、装飾品から、かなり裕福な都市であったことが分かる。また、ごみと便所のシステムからポンペイ人の食生活を**推定する**ことができた。さらに、壁の落書きには失われた口語ラテン語が残されており、様々な骸骨はローマ人の生活様式や生理学に関する神話を解明するのに役立っている。

ユネスコの世界遺産に登録されたポンペイは毎年数百万人の観光客を集めている。最大の見どころの一つは人生の最期の瞬間をとらえた実在の人物の石膏像である。これは噴火の灰の中に埋もれていた腐敗した有機遺体の空洞を考古学者が埋めたものである。科学的な価値があることは言うまでもないが、多くの人が死というものを魅力的に表現した遺体に魅了されるのだ。

何回解いた？ □1回 □2回 □3回

Question 4

解答目標タイム … 90秒

REST

Modern life is filled with many stressors, and a significant proportion of the population suffers from mental health issues such as anxiety. One relatively modern solution aimed at allowing patients space to unpack and confront their triggers is restricted environmental stimulation therapy (REST). More commonly identified by the medium through which it is conducted, the sensory deprivation tank, REST was first designed in 1954 but has seen a resurgence in popularity due to increased scientific interest and subsequent popularisation in the media.

A sensory deprivation tank is a dark, soundproof chamber that is filled with a shallow mix of water and Epsom salt, the combination of which creates a highly (b   ) environment where the user can easily float. Inside, all external stimuli are removed, including sound, sight, and gravity — hence the moniker 'sensory deprivation'. The idea is that you then float weightlessly in the silent darkness, allowing your mind to let go and your brain to enter into a deeply relaxed state.

The medical benefits of sensory deprivation tanks are supposed to be the removal of stress, pain and tension associated with external stimuli and the constant 'on' mode of the human brain. Fans of REST point to its use for muscle relaxation, improved sleep, and reduction in stress and anxiety. Beyond this, there is also the potential for enhancing creativity through unrestricted mental exploration. Some users have reported hallucinations during their time in the tanks, and studies have corroborated the idea that sensory deprivation can potentially induce psychosis-like experiences.

 (   ) には「浮力のある」を意味する語が入る

Answer
4 正解 buoyant

選択肢の単語を全部極めよう

□□□

buoyant
[bɔ́iənt]

形 浮力のある、市場や株価が上昇傾向にある

副 **buoyantly** (浮力的に)

- feel buoyant (浮力を感じる)
- Filling the balloons with helium rather than air made them more buoyant. (風船を空気ではなくヘリウムで満たすと、より浮力が増す)
- Regardless of economic fluctuations, the market for luxury goods usually remains buoyant. (経済の変動に関係なく高級品の市場は通常活況を呈している)

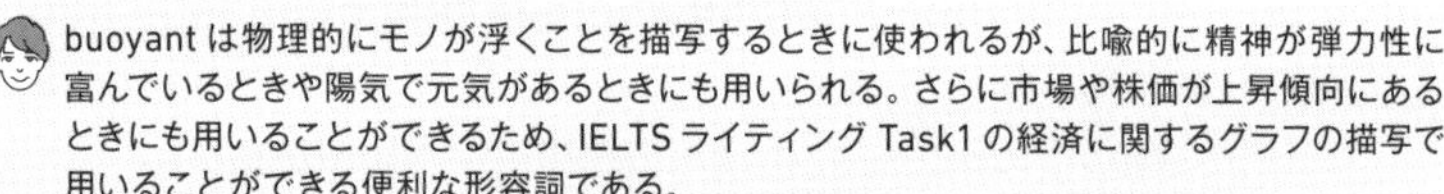

buoyant は物理的にモノが浮くことを描写するときに使われるが、比喩的に精神が弾力性に富んでいるときや陽気で元気があるときにも用いられる。さらに市場や株価が上昇傾向にあるときにも用いることができるため、IELTS ライティング Task1 の経済に関するグラフの描写で用いることができる便利な形容詞である。

REST

現代人の生活は多くのストレス要因に満ちており、人口のかなりの割合が不安などの精神衛生上の問題に悩まされている。その中で比較的近代的な解決法である患者が自分のきっかけを解き明かし向き合うための空間として、制限環境刺激療法 (REST: Restricted Environmental Stimulation Therapy) がある。REST は 1954 年に考案されたが、科学的な関心が高まりメディアでも取り上げられるようになったため再び人気が高まっている。

感覚遮断タンクは暗い防音室で水とエプソム塩を浅く混ぜたもので満たされ、その組み合わせにより使用者が容易に浮くことができる高い**浮力**環境を作り出す。内部では音、視覚、重力など外部からの刺激が全て取り除かれるため「感覚遮断」と呼ばれる。そして静かな暗闇の中で無重力状態になり、心を解き放ち、脳を深いリラックス状態に導くというものである。

感覚遮断装置の医学的効果は外部刺激や人間の脳が常に「オン」状態であることに伴うストレス、痛み、緊張を取り除くことだと考えられている。REST のファンは筋弛緩、睡眠の改善、ストレスや不安の軽減などの用途を指摘している。さらに自由な精神的探求による創造性の向上も期待できる。タンク内で幻覚を見たというユーザーもおり、感覚遮断が精神障害のような体験を引き起こす可能性があるという考えは研究によって裏付けられている。

A 揮発性
B 浮力
C 機知に富んだ

何回解いた？ □1回 □2回 □3回

解答目標タイム ››› 90秒

ChatGPT

With the rapid leaps of progress seen in artificial intelligence, it was only a matter of time before we cracked the last hurdle of real human imitation. Although AI has been used for years in everyday life, it usually performs such routine, background tasks that most people do not even realise that the decisions they make are being influenced and engineered by AI. It is only as variations of AI approach more human-like features, like the advanced humanoid robots Sophia and Ameca, that the public actually starts taking notice.

Perhaps the recent most revolutionary debut of an AI system was ChatGPT, a chatbot developed by the non-profit research laboratory OpenAI. Constructed as a highly advanced language model which can trawl through the Internet at hyperspeeds to deliver detailed and articulate responses to user-input prompts, ChatGPT hit the headlines for its creative capacity. Its creators initially intended the program to (m　　　　) human conversation, but the versatility of the program means that it is now being used for purposes anywhere from composing music and plays to writing code to writing essays and answering test questions.

One very popular use of ChatGPT has been in the field of education. Students have used the program to shortcut homework assignments and written work. Universities have even tested whether ChatGPT can pass their competitive entrance exams, and for the most part it has succeeded. This heralds an inevitable restructuring in how knowledge is now tested, as educators decide whether to restrict AI, or to embrace it.

(　　　　)には「模倣する」を意味する語が入る

Answer
5 正解 **mimic**

選択肢の単語を全部極めよう

□□□

mimic
[mímik]

動 模倣する、真似る 形 偽の 名 模倣者

名 **mimicry**（擬態） **mime**（パントマイム〔古代ギリシャローマの道化芝居〕）

▸ mimic the teacher's voice（先生の声を真似る）
▸ The comedian mimicked the accents of people from different countries.
（そのコメディアンは様々な国の人のアクセントを真似た）
▸ Chameleons change their colour to mimic their surroundings.
（カメレオンは周囲に似せて自分の体の色を変える）

mimic の過去形・過去分詞形は mimicked になることに注意！ 類義語は imitate（手本としてまねする）emulate（熱心に見習ってまねる）copy（同じことをする、複写する）がある。医療においてもテクノロジーを用いることで mimic the hand movements of surgeons（外科医の手の動きを模倣する）のようなことが実現されているが、AI の発展により人間の模倣ではなく、より効率的で高度な動きが提案される可能性があるため ChatGPT と共に注目していきたい。

ChatGPT

人工知能の飛躍的な進歩に伴い、人間の模倣という最後のハードルを越えるのは時間の問題となった。AI は何年も前から日常生活で使用されているが、通常 AI は日常的でバックグラウンドのタスクを実行するため、ほとんどの人は自分の下す決断が AI の影響を受け、設計されていることに気づいていない。高度なヒューマノイドロボットであるソフィアやアメカのように、AI のバリエーションがより人間に近い特徴を持つようになって初めて、一般の人々が実際に注目するようになるのだ。

最近で最も画期的な AI システムのデビューは非営利の研究機関 OpenAI が開発したチャットボット「ChatGPT」だろう。インターネットを超高速で駆け巡り、ユーザーからの入力に対して詳細かつ明瞭な応答を返すことができる高度な言語モデルとして構築された ChatGPT は、その創造的能力で話題を呼んだ。当初は人間の会話を**模倣する**目的で開発されたが、その汎用性の高さから音楽や演劇の制作、コードの記述、エッセイの執筆、テストへの回答など様々な用途に利用されている。

ChatGPT は教育分野での利用も盛んである。学生達はこのプログラムを使って、宿題や文章を書くことを短時間で済ませることができるようになった。大学では ChatGPT が競争的な入試に合格できるかどうかのテストも行われており、ほとんどの場合、合格しているのだ。AI に制限をかけるか、それとも傾倒するか、教育関係者の判断のもと、知識のテスト方法は必然的に再構築されることになる。

何回解いた？ □1回 □2回 □3回

解答目標タイム ··· 90秒

Rare Diseases

Primary pulmonary hypertension (PPH) is a rare and fatal progressive vascular lung disease that can affect between 15 to 50 people in a million, most commonly in the US and Europe. For patients suffering PPH, the blood vessels in their lungs constrict, and the pressure in the pulmonary artery (which carries blood from the body to the lungs so that carbon dioxide can be traded for oxygen) rises to highly abnormal levels.

While some forms of pulmonary hypertension have been linked to a (h   ) gene defect, there is currently no single explanation for what causes PPH. If there is a history of PPH in a person's family, doctors may be able to search for the specific gene mutation which makes the blood vessels more sensitive to this type of constriction. But as there is often no underlying heart or lung disease causing the high blood pressure, PPH is rarely discovered through routine medical exams. Rather, scans, x-rays and blood tests may help rule out other diseases until PPH can be diagnosed.

At present, there is no cure for PPH. As it is a progressive disorder, some people may have PPH for years without realising it. Symptoms do however get worse as the disease progresses, so treatment usually aims to manage symptoms. In the worst cases, patients may be offered a lung or heart-lung transplant. Since lifestyle choices do have a significant impact on PPH, one of the best pieces of advice can be to stay as healthy as possible while managing the condition.

 (   ) には「遺伝性の」を意味する語が入る

Answer 6 正解 **hereditary**

選択肢の単語を全部極めよう

□□□

hereditary
[hərédətèri]

形 遺伝性の、世襲の

名 **heredity**（遺伝） 類 **genetic**（遺伝的）

▸ a hereditary life-threatening disease（生命を脅かす遺伝性の病気）
▸ Progeria is a hereditary human disease which leads to premature ageing.（プロジェリアは早期老化につながる遺伝性のヒト疾患である）
▸ The inheritance of wealth and property is often a result of hereditary succession.（富と財産の相続は多くの場合世襲の結果である）

heredity は inherit（受け継ぐ）や heritage（遺産）と同語源で、世代を超えて受け継がれることを意味する。類義語で gen（生まれる）という語源を持つ genetic はより広義で遺伝子全般に関することを修飾するときに使う。遺伝子だけでなく hereditary は王室などの hereditary succession（世襲的継承）などの文脈でも用いられる。また nature-nurture argument（遺伝環境論争）に関するリーディングは IELTS に出題されたこともあるため、自分の意見を言えるようにしておきたい。

希少疾患

原発性肺高血圧症（PPH）は希少かつ命にかかわる進行性の血管性肺疾患であり、欧米では 100 万人に 15 ～ 50 人の割合で発症すると言われている。PPH の患者は肺の血管が収縮し、肺動脈（二酸化炭素を酸素と交換するために血液を体から肺に運ぶ）の圧力が異常なレベルまで上昇する。

肺高血圧症の中には**遺伝性の**遺伝子異常と関連するものもあるが、PPH の原因については現在のところ単一の説明はない。家族に PPH の病歴がある場合、医師は血管の収縮をより敏感にする特定の遺伝子変異を探し出すことができるかもしれない。しかし高血圧の原因となる心臓や肺の基礎疾患がないことが多いため、定期的な健康診断で PPH が発見されることはほとんどない。PPH の診断がつくまでスキャンや X 線検査、血液検査で他の病気を除外することができる。

現在のところ PPH の治療法はない。PPH は進行性の疾患であるため、何年も気づかずに PPH を患っている人もいる。しかし症状は病気の進行とともに悪化するため、通常、治療は症状を管理することを目的としている。最悪の場合、肺や心肺の移植が提案されることもある。PPH は生活習慣が大きく影響するため、できるだけ健康な状態を維持しながら治療を行うことが最も良いアドバイスの一つとなる。

何回解いた？ □1回 □2回 □3回

解答目標タイム ··· 90秒

Water

The myth of drinking eight glasses of water a day is a common one that has crossed geographical borders and taken hold in the minds of an entire generation. This misconception dates back to a 1945 report by the US Food and Nutrition Board. The thing is, no such recommendation was actually made.

Even diluting down the complex evaluations made in the report, the most the Board ever suggested was that a person's daily water (i　　　　) should amount to roughly 64 ounces a day. This is also a reference to the total daily intake, not just pure water. That means that other beverages and the water naturally present in food also counts! But somehow, the recommendation was widely mistranslated to the steadfast rule that everybody should drink eight glasses of water a day.

It might come as no surprise that such a simple rule cannot act as a catchall for the diversity of people across the globe. The link between health and hydration is clear, and experts do agree that staying hydrated is a key component of good health. Even a 1 to 2 percent deficit in your body's water levels can lead to a major change in your body's physical performance, your cognitive function, and your cardiovascular health. Hydration or lack thereof has proven links to ageing, life expectancy, and the risk of chronic diseases. Even though there is no scientific basis for the eight glasses a day rule, maintaining a steady fluid intake may well be the key.

 (　　　　)には「摂取量」を意味する語が入る

Answer 7 正解 intake

選択肢の単語を全部極めよう

□□□

intake
[íntèik]

名 摂取量、吸い込み、取り入れ口

反 **outlet**(はけ口)

▸ reduce the intake of sugary and fatty foods
(糖分や脂肪分の多い食品の摂取を減らす)

▸ The intake of new students has increased significantly this year.
(今年は新入生が大幅に増えた)

▸ The intake of this medication can have significant side effects.
(この薬を摂取すると重大な副作用が生じる可能性がある)

第二言語習得理論においては input(インプット)と output(アウトプット)の一連の流れの中に intake(インテイク)という過程があり、これは学習者がフィードバックを受けて意識的に取り入れ知識として内在化することを指す。IELTS 受験者の皆さんにも定着のための気づきを意識していただきたい。リスニング・リーディングのインプットとスピーキング・ライティングのアウトプットの間にある「気づき」を意識して学習していこう。

水

1日にグラス8杯の水を飲むという神話は国境を越えて全世代の人々の心に定着している。この誤解は1945年の米国食品栄養委員会の報告書にまでさかのぼる。しかし実際にはそのような推奨はされていない。

この報告書では複雑な評価を薄めても、1日に**摂取する**水の**量**を64オンスにするよう勧告している。これは純粋な水だけでなく、1日の総摂取量に対する言及でもある。つまり他の飲料や食べ物に含まれる水もカウントされるのだ。しかしこの勧告はなぜか広く誤訳され、「誰もが1日にグラス8杯の水を飲むべきだ」という不動のルールになってしまった。

しかし、このような単純なルールが世界中の多様な人々に共通するルールとして機能しないことは驚くことではない。健康と水分補給の関係は明らかであり、専門家も水分補給が健康の重要な要素であることに同意している。体内の水分量が1〜2%不足するだけで、身体のパフォーマンス、認知機能、心血管系の健康状態に大きな変化が生じると言われている。水分補給やその不足は老化、寿命、慢性疾患のリスクとの関連性が証明されている。1日8杯というルールに科学的根拠はないが、安定した水分摂取を維持することは重要なことかもしれない。

何回解いた？ □1回 □2回 □3回

解答目標タイム … 90秒

IP Spoofing

Reduced to very simple terms, the Internet works by transmitting data between different points. Given the large volumes being transmitted, they are first broken down into smaller chunks, known as 'packets', sent independently, and then reassembled into the complete set at the other end. Each of these packets is accompanied by an Internet Protocol (IP) header which identifies all the basic information about the packet, including the source and destination IP addresses.

One common form of cyberattack which makes use of this system is IP spoofing. Spoofing allows a malicious third party to change the source IP address in the packet header to make the receiving computer system think that it is a trusted source. People who connect their devices to (l   ) networks will often fall prey to IP spoofing, because there are no external signs of tampering.

IP spoofing is just an initial means of gaining access to a device. It acts in the same way as sending someone packages with the wrong return address. If the recipient wants to stop the packages, blocking the return address will not work because it is not the true source. Once they have gained access, cybercriminals usually go on to steal data, infect the compromised device with malware, or slow down or crash the network. Unfortunately, the average person cannot prevent IP spoofing without the aid of IT specialists, since the nature of the attacks means that the attackers' true identity is concealed, but practising cyber safety can at least minimise risk.

(   ) には「正規の」を意味する語が入る

Answer 8 正解 **legitimate**

選択肢の単語を全部極めよう

□□□

legitimate [lidʒítəmət / lidʒítəmèit]

形 正規の、合法の、本物の　動 合法と認める

名 **legitimacy**（正当性、合法性）

反 **illegitimate**（違法な）

▸ have a legitimate reason（正当な理由がある）

▸ The news story was based on legitimate sources.
（ニュース記事は正当な情報源に基づいていた）

▸ The government has a responsibility to ensure that all elections are fair, free, and legitimate.
（政府には全ての選挙が公正、自由、合法であることを保証する責任がある）

legitimate の leg は「法律」という語源があり、law（法律）legal（合法の）privilege（特権）などが同語源で、あるモノが法に適っていて正当性があるときに使う。例えばある会社の大胆な施策が理にかなっていて合法である時や、あるヒトの要求や主張、質問が合理的である時、またあるモノが正真正銘の本物である時に使う。また口語表現で legit というと「ホンモノ」という意味になり、フランクな会話では頻出なので覚えておきたい。

IP スプーフィング

簡単に説明すると、インターネットは異なる地点間でデータを送信することで機能する。大量のデータが送信されるため、まず「パケット」と呼ばれる小さな塊に分解して個別に送信し、相手側で再び組み立てて完全なセットを作成する。これらのパケットには送信元と送信先の IP アドレスを含むパケットに関する全ての基本情報を特定するインターネットプロトコル（IP）ヘッダが付属している。

このシステムを利用したサイバー攻撃として、IP スプーフィングというものがある。スプーフィングでは悪意のある第三者がパケットヘッダ内の送信元 IP アドレスを変更し、受信側のコンピュータシステムに信頼できる送信元であると思わせることができる。自分のデバイスを**正規の**ネットワークに接続している人は改ざんの外的兆候がないため、IP スプーフィングの餌食になることが多いだろう。

IP スプーフィングはデバイスにアクセスするための最初の手段に過ぎない。IP スプーフィングは間違えた宛先に荷物を返送するのと同じような行為である。受信者が荷物の受け取りを止めたい場合、返信用アドレスをブロックしても真の送信元ではないため効果はない。サイバー犯罪者はいったんアクセスすると、データを盗んだり、感染したデバイスをマルウェアに感染させたり、ネットワークの速度を低下させたり、クラッシュさせたりするのが普通である。IP スプーフィングはその性質上、攻撃者の正体が隠されているため、IT 専門家の手を借りなければ残念ながら一般人が防ぐことはできないが、サイバーセーフティを実践することで少なくともリスクを最小限に抑えることはできる。

何回解いた？ □1回 □2回 □3回

解答目標タイム ››› 90秒

Japanese Economy

Following decades of deflation and economic stagnation, an aggressively expansive monetary policy adopted by the Bank of Japan in 2016 means that Japan is one of a handful of countries with a negative interest rate and has one of the lowest inflation rates in the world. Although the intention was to encourage borrowing and lending and thus spur on consumer spending, Japan's economy continues to decline. Two clear characteristics of Japanese economic culture help to explain this strange phenomenon.

Household consumption in Japan is generally low compared to other advanced countries. Following economic shocks like the collapse of the bubble economy in the 90s, and the 2008 international banking crisis, Japanese people are wary of being caught off guard by sudden downturns. Wages are also (r　　　　) low, so there is much less disposable income to go around. As a result, there is a culture of saving more and spending less.

The ageing population and declining birth rates are often cited as causes for concern when speaking of Japan, but they also have a real economic impact. With fewer working adults available for both consumption and production, supply is reduced as companies struggle to maintain consistent rates of output, and demand also remains low as people try to save in anticipation of a difficult future. Ultimately, this pervasive low consumer demand leads to depreciation of the yen and Japan will soon have to make some difficult decisions in order to protect its reputation as a high level economy attractive to investors.

（　　　　）には「相対的に」を意味する語が入る

Answer
9 正解 relatively

選択肢の単語を全部極めよう

□□□

relatively
[rélətivli]

副 比較的に、相対的に

形 **relative**（相対的な） 動 **relate**（関連付ける）
名 **relation**（関係）

▸ relatively new（比較的新しい）
▸ The company's profits have been relatively stable over the past few years.（同社の利益はここ数年比較的安定している）
▸ The impact of social media on young people's mental health is a relatively new field of study.
（若者のメンタルヘルスに対するソーシャルメディアの影響は比較的新しい研究分野である）

relatively は absolutely（絶対的に）とは対照的に客観性（objectivity）を高める表現として IELTS ライティング・スピーキングで活用できる便利な副詞である。relatively speaking（比較して言えば）だけでなく、ethically speaking（倫理的に言えば）や strictly speaking（厳密に言えば）、generally speaking（一般的に言えば）も覚えておきたい。

日本経済

数十年にわたるデフレと経済停滞の後、2016 年に日本銀行が採用した積極的な拡張的金融政策により、日本は一握りのマイナス金利国の一つとなり、また世界で最も低いインフレ率の国の一つとなった。借り入れや貸し出しを促進することで個人消費に拍車をかける意図があったのだが、日本経済は低迷を続けている。この奇妙な現象を説明するのに役立つのが日本の経済文化に見られる 2 つの明確な特徴である。

日本の家計消費は他の先進国に比べて一般的に低い。90 年代のバブル崩壊や 2008 年の国際銀行危機などの経済ショックを経て、日本人は突然の事態に油断することなく警戒している。また賃金も**相対的に**低いため可処分所得はかなり少ない。その結果、貯蓄を増やし、支出を減らすという文化が存在する。

高齢化と出生率の低下は日本を語る上でしばしば懸念材料としてあげられるが、現実の経済的影響もある。消費と生産の両面で活躍できる現役世代が減少し、企業は安定した生産量を維持するために供給量を減らし、人々は困難な将来を見越して貯蓄しようとするため、需要も低水準にとどまる。最終的にこのような消費需要の低下は円安につながり、日本は投資家にとって魅力的な高水準の経済国としての評判を守るためにまもなく難しい決断を迫られることになるだろう。

何回解いた？ □1回 □2回 □3回

解答目標タイム ››› 90秒

Cliff Diving

Competitive cliff diving is an extreme sport which has found new popularity through the highly publicised international series sponsored by the energy drink company Red Bull. Set at 26 metres above sea level, 16 metres higher than the highest event in traditional pool diving, cliff diving adds a level of daredevil danger that attracts only a certain type of athlete.

From jump to entry, divers usually get about three seconds of flight to (e   ) a number of tricky twists and somersaults to impress the presiding judges. At speeds of more than 50mph, this means that divers cannot enter head first, as is usual in pool diving. Described as an experience akin to running full speed into a wall, concussions are one of the less severe consequences, and safety divers are always on hand to follow landing competitors under to make sure they are uninjured and conscious.

Despite the danger, despite the dizzying heights which turn the stomachs of even seasoned Olympic athletes, cliff diving is a breathtaking sport to witness. Competitions draw huge crowds, and repeat performers gain cult-like followings. Avid cliff divers travel the world following the attraction to the water, usually finding their wings on the circuit itself, given the paucity of training facilities. Only three exist at present, in Austria, the US, and China. For the reward is as great as the risks taken: brief moments of pure bliss, as the body stretches itself to the ultimate limit, to fly, to land, to slice cleanly through the water.

(   )には「演じる」を意味する語が入る

Answer 10 

正解 execute

選択肢の単語を全部極めよう

□□□

execute
[éksəkjùːt]

動 演じる、遂行する、実施する、処刑する

名 **execution**（実行）　**executive**（執行部、役員）

- execute the plan（計画を実行する）
- The criminal was executed for committing a simple theft.
（犯人は単純な窃盗を犯したとして処刑された）
- The soldier was trained to execute orders quickly and efficiently.
（兵士は命令を迅速かつ効率的に実行するように訓練されていた）

計画的に特定の行為をする、計画や政策を遂行するという意味の他に刑罰として処刑するという意味もあり、法的な判決、命令の実施を意味する。また会社の CEO は「Chief Executive Officer」の略で「最高経営責任者」を意味し、経営方針や事業計画を実施する責任者を指す。

クリフダイビング

クリフダイビングはエナジードリンク会社のレッドブルがスポンサーとなり、国際的なシリーズとして大々的に宣伝され、新たな人気を獲得したエクストリームスポーツである。海抜 26 メートルと従来のプールダイビングの最高地点より 16 メートル高い位置に設定されたクリフダイビングは、命知らずの危険性があり、ある種のアスリートだけを惹きつける。

ジャンプからエントリーまで、ダイバーは通常約 3 秒の飛行時間で、トリッキーなひねりや宙返りを何度も**演じ**、審査員の目を楽しませる。時速 50 マイル以上のスピードではプールダイビングのように頭から入ることはできない。全速力で壁にぶつかるような体験と表現されるが、脳震盪はそれほど深刻な結果には入らず、セーフティ・ダイバーが常に着水した競技者を追いかけ、無傷で意識があるかどうかを確認する。

危険にもかかわらず、また、経験豊富なオリンピック選手でさえも胃が痛くなるような目がくらむ高さにもかかわらず、クリフダイビングは息を呑むようなスポーツであることを目の当たりにすることができる。大会には多くの観客が集まり、リピーターにはカルト的な人気がある。熱心なクリフダイバーは水の魅力に取りつかれて世界中を飛び回るが、トレーニング施設が少ないため通常はサーキットで羽ばたくことになる。現在オーストリア、アメリカ、中国の 3 カ所にしかない。飛ぶため、着水するため、水面をきれいに切り裂くため、体が究極の限界まで伸びる、純粋な至福の瞬間である。

長文穴埋め問題

Topic 12

Listening

解いて身につく頻出単語

221 ··· 240

何回解いた？ □1回 □2回 □3回

解答目標タイム ⋯ 60秒

A favourite film

221

A film I watched around two months ago with my friend was called 'Future Journey'. The film is about people who move to Mars after a (d　　　　) happens on Earth and they can no longer stay here. The story was a work of science fiction but completely convincing at the same time. Its depiction of the destroyed Earth was so realistic that I could believe something like that could actually happen in the future. I also enjoyed the romantic storyline between the two protagonists. Switching between these intimate moments and the stark realities of this new world of Mars made the movie more impactful. I would recommend you give it a watch.

Answer 1 正解 **disaster**

選択肢の単語を全部極めよう

□□□

disaster
[dizǽstər]

名 災害、天災、大失敗

形 **disastrous**（破壊的な）

▸ suffer a disaster（災難に遭う）
▸ The date was a disaster.（そのデートは大失敗であった）
▸ A tsunami is a natural disaster.（津波は自然災害である）

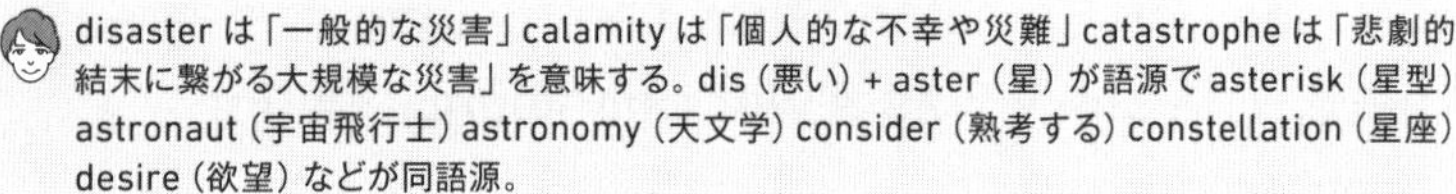
disaster は「一般的な災害」calamity は「個人的な不幸や災難」catastrophe は「悲劇的結末に繋がる大規模な災害」を意味する。dis（悪い）+ aster（星）が語源で asterisk（星型）astronaut（宇宙飛行士）astronomy（天文学）consider（熟考する）constellation（星座）desire（欲望）などが同語源。

2ヶ月ほど前に友人と観た映画に『Future Journey』というのがありました。この映画は地球で災害が起こり、ここにいられなくなった人たちが火星に移住するというものです。ストーリーはSF作品でありながら、同時に完全に納得のいくものでした。破壊された地球の描写はとてもリアルで、あのようなことが未来に実際に起こりうるのだと信じることができました。また、主人公2人のロマンチックなストーリーも楽しめました。このような親密な瞬間と、火星という新しい世界の厳しい現実とが切り替わることで、この映画はより衝撃的なものになりました。ぜひ一度ご覧になってみてください。

何回解いた？ □1回 □2回 □3回

解答目標タイム … 60秒

Electronic dictionary

223

My favourite electronic gadget is my electronic dictionary. What is special about this item is its weight. It is the lightest model made in Japan and very popular among people in the education field. Since I purchased my dictionary 4 years ago, it has almost never left my side. It helped me the most when I was a (f   ) exchange student in the UK. Whenever I came across unknown words or phrases, I could easily take it out of my bag and look up these words. That dictionary allowed my study abroad experience to become more enlightening.

Answer 2

正解 foreign

選択肢の単語を全部極めよう

□□□

foreign
[fɔ́rin]

形 外国の、在外の、無関係の、馴染みのない

名 **foreigner**（外人）

▸ English as a foreign language（外国語としての英語）
▸ The custom of tipping is foreign to some cultures
（チップの習慣は一部の文化にとって異質である）
▸ The concept of social media was foreign to many people a few decades ago.（ソーシャルメディアの概念は数十年前には多くの人にとってなじみのないものであった）

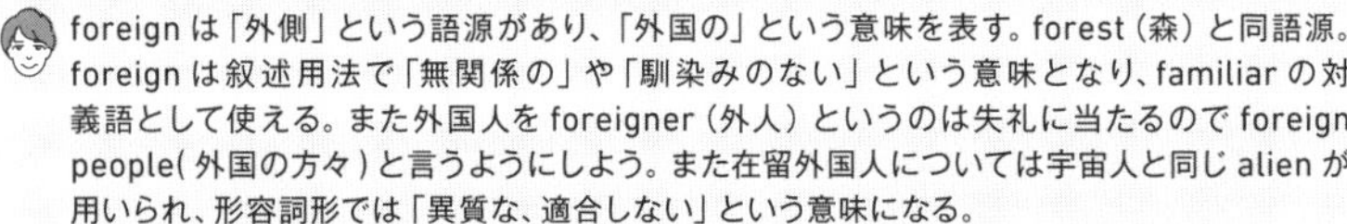

foreign は「外側」という語源があり、「外国の」という意味を表す。forest（森）と同語源。foreign は叙述用法で「無関係の」や「馴染みのない」という意味となり、familiar の対義語として使える。また外国人を foreigner（外人）というのは失礼に当たるので foreign people(外国の方々) と言うようにしよう。また在留外国人については宇宙人と同じ alien が用いられ、形容詞形では「異質な、適合しない」という意味になる。

私のお気に入りの電子ガジェットは電子辞書です。このアイテムの特徴はなんといってもその軽さです。国産最軽量モデルで教育関係者に大人気です。4 年前に購入してからほとんど手放せなくなりました。一番役に立ったのは英国に留学していた時です。知らない単語や言い回しが出てきた時、カバンから取り出して簡単に調べることができたからです。あの辞書のおかげで私の留学生活はより一層充実したものになりました。

何回解いた？ □1回 □2回 □3回

解答目標タイム … 60秒

Ryuo Station

225

My hometown has so many interesting tourist attractions to choose from. From my point of view, the most popular place in my hometown is Ryuo Station. It is special because it maximises the potential of this huge area of land just sitting there in the countryside. The station was (d　　　　) by the well-known Japanese architect Tadao Ando. Thanks to his unique style of buildings, as well as his own fame, the station drew a large number of tourists. Ando used tons of glass for the façade of the building, and this transparent appearance makes the building look futuristic. Many tourists also like to take pictures from inside the station, since there is a good view of Mount Fuji. For me, it's a bit of a ritual to stop and take a good, long look at Mount Fuji every time I return to my hometown. Ryuo Station also has easy access by train from Tokyo, and the trip only takes about 90 minutes.

Answer
3 正解 **designed**

選択肢の単語を全部極めよう

□□□

design
[dizáin]

動 設計する、デザインする、図案を描く
名 デザイン、図案、設計

名 **designer**（デザイナー）

- design a customer-centred strategy（顧客中心の戦略を設計する）
- It is critical to design a strategy for success in IELTS.
（IELTS で成功するために戦略を練ることは重要である）
- Many manufactured items are designed to have a very short lifespan.
（多くの工業製品は寿命が非常に短いように設計されている）

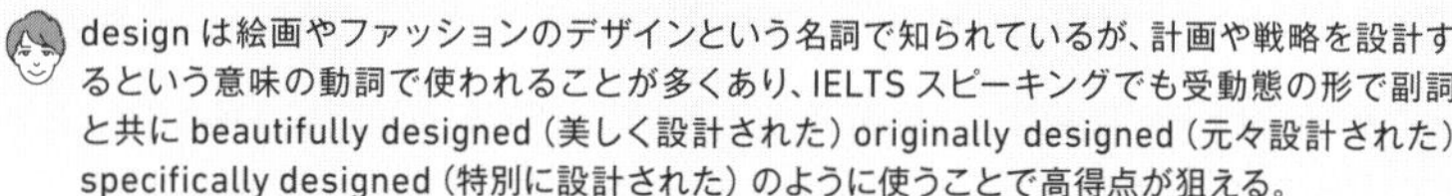

design は絵画やファッションのデザインという名詞で知られているが、計画や戦略を設計するという意味の動詞で使われることが多くあり、IELTS スピーキングでも受動態の形で副詞と共に beautifully designed（美しく設計された）originally designed（元々設計された）specifically designed（特別に設計された）のように使うことで高得点が狙える。

私の故郷には面白い観光スポットがたくさんあります。その中でも私の目から見て最も人気のある場所は竜王駅です。田舎にある広大な土地のポテンシャルを最大限に生かした特別な駅なのです。この駅を**設計した**のは安藤忠雄という有名な日本人建築家です。彼のユニークな建築スタイルと彼自身の名声のおかげで、この駅には多くの観光客が押し寄せました。安藤氏はビルのファサードに大量のガラスを使用し、この透明な外観がビルを未来的なものにしています。また富士山がよく見えることから、駅の中から写真を撮ろうとする観光客も少なくありません。私にとっては、帰省するたびに立ち止まって富士山をじっくり眺めるのがちょっとした習慣になっています。竜王駅は東京から電車で約 90 分というアクセスの良さも魅力です。

何回解いた？ □1回 □2回 □3回

解答目標タイム … 60秒

Running

227

Running after work is my way of staying healthy. There is a gym a 5-minute walk away from my house, so it is not difficult for me to go there at least once a week. The beginning of my running journey was when my friend asked me to join a (m   ) a few years ago. Although it was my first time running a long distance, being with my friend was helpful and it was even enjoyable. Running is extremely refreshing and makes my body feel better afterwards. Since I started running last year, I have been sleeping well and have a better appetite. Running makes me stay healthy and is a great habit I would like to continue from now on.

Answer 4　正解 **marathon**

選択肢の単語を全部極めよう

□□□

marathon 名 マラソン、長距離競走　形 耐久力を必要とする

[mǽrəθən]

▸ a marathon not a sprint（スプリントではなくマラソン）
▸ I got exhausted after the marathon.（私はマラソンの後、疲れ果てた）
▸ The young athlete is on a rigorous marathon training plan.
（その若いアスリートは厳しいマラソン トレーニング計画を立てている）

ギリシャの勝利を知らせるためにMarathonからAthens（アテネ）まで42キロを走って勝利を伝えたのが由来とされている。a marathon not a sprint（スプリントではなくマラソン）はすぐに結果が出るような短距離走ではなく長期的な効果を見据えた長距離走という意味の頻出表現なので覚えておきたい。

仕事帰りにランニングをするのが私の健康法です。自宅から徒歩5分のところにジムがあるので、週1回以上通うことも苦ではありません。ランニングを始めたきっかけは数年前に友人から**マラソン**大会に誘われたことでした。長距離を走るのは初めてでしたが、友人と一緒だと助かりますし、楽しくもありました。走ることはとても爽快で、終わった後は体が軽くなるような気がします。去年ランニングを始めてから、よく眠れるようになりましたし、食欲も出てきました。ランニングは健康維持に役立つので、これからも続けていきたい習慣です。

何回解いた？ □1回 □2回 □3回

解答目標タイム ••• 60秒

Michael Jackson

229

My favourite musician is Michael Jackson. I have been a huge fan of his since my father introduced me to his music when I was in elementary school. My father first played it in his car when he drove me to school and I was fascinated. Michael Jackson's music is very rhythmic and his voice has a huge range. Even when he reaches for a high note, he sings so easily. I also like the lyrics when he sings a (b   ). Unlike his pop songs, his slow and emotional songs hit me every time I listen. I have all of his CDs and sometimes watch his music videos on my laptop.

Answer
5 正解 **ballad**

選択肢の単語を全部極めよう

□□□

ballad
[bǽləd]

名 バラード、物語、民謡

▸ listen to ballads（バラードを聴く）
▸ The ballad is a traditional form of storytelling.
（バラードはストーリーテリングの伝統的な形式である）
▸ Record labels prefer more upbeat songs over ballads.
（レコードレーベルはバラードよりもエネルギッシュな曲を好む）

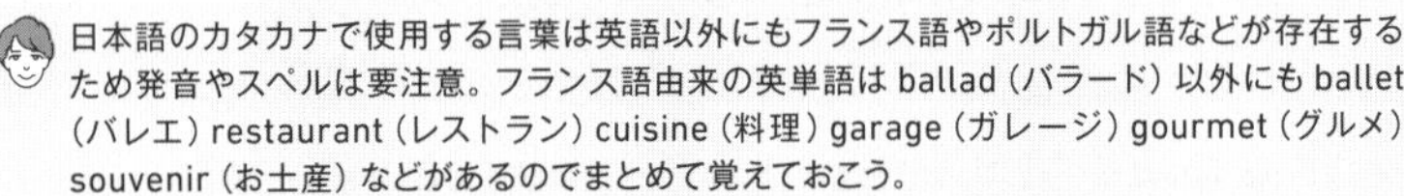
日本語のカタカナで使用する言葉は英語以外にもフランス語やポルトガル語などが存在するため発音やスペルは要注意。フランス語由来の英単語はballad（バラード）以外にもballet（バレエ）restaurant（レストラン）cuisine（料理）garage（ガレージ）gourmet（グルメ）souvenir（お土産）などがあるのでまとめて覚えておこう。

私の好きなミュージシャンはマイケル・ジャクソンです。小学生の頃、父から彼の音楽を紹介されて以来、大ファンになりました。父が私を学校まで送ってくれたときに車の中で初めて流してくれたのですが、私はその魅力に取り付かれてしまいました。マイケル・ジャクソンの音楽はとてもリズミカルで、声域も広い。高音を出すときも、すっと歌い上げる。また彼が**バラード**を歌うときの歌詞も好きです。ポップスとは違って、スローでエモーショナルな彼の曲を聴くたびに胸に迫るものがあります。彼のCDは全部持っているし、ノートパソコンで彼のミュージックビデオを見ることもあります。

何回解いた？ □1回 □2回 □3回

解答目標タイム … 60秒

Green trousers

231

My most recent purchase was a pair of green trousers, which I got at a (b　　　　) in Shinjuku. The shop was very close to the station and I had always wanted to stop by. One day I passed by the store after work and spotted some bright green trousers from outside. Entering the shop was a challenge for me because it was so quiet and there weren't many customers around. Despite the silence, the green trousers were so outstanding and stylish that they drew me inside. The trousers were not only trendy but also very comfortable to put on, so I bought them instantly. Now they are a staple of my outfits.

Answer 6 正解 **boutique**

選択肢の単語を全部極めよう

□□□

boutique
[buːtíːk]

名 セレクトショップ、ブティック、小規模洋品店
形 ブティックの

▸ at the boutique (ブティックで)
▸ Boutique consulting firms offer a range of tailored services to clients.
(専門特化型コンサルティング会社はクライアントに合わせた様々なサービスを提供している)
▸ Shopping in boutiques can lead to higher quality, more durable finds.
(ブティックでの買い物はより高品質で耐久性のある商品の発見につながる可能性がある)

フランス語由来で「店」を意味するboutique(ブティック)は日本語ではアパレルや洋服を扱う小さな店というイメージがあり、英語では主に服や靴、ジュエリーなどのファッション関連の商品が厳選された店を指す。boutique hotelはノマドワーカーやペット専用といったニッチな分野での客に向けたホテルを意味する。ちなみにイタリア語でbottegaは「店」を意味する。

最近購入したのは新宿の**セレクトショップ**で手に入れたグリーンのパンツです。そのお店は駅からとても近く、ずっと立ち寄ってみたいと思っていました。ある日、仕事帰りにお店の前を通ると、外から鮮やかなグリーンのパンツが目に入りました。店内はとても静かでお客さんもあまりいなかったので、店に入ることは私にとってチャレンジでした。でもその静寂の中、その緑色のパンツがとても際立っていてスタイリッシュだったので、私は店内に引き込まれました。トレンドだけでなく、履き心地も良かったので、即購入しました。今では私の服装の定番になっています。

何回解いた？ □1回 □2回 □3回

解答目標タイム … 60秒

Memorable experience at school

233

I have tons of precious experiences from my school days. One of my clearest memories is of the graduation ceremony at my high school. Everyone was dressed so smartly, the school buildings were cleaned and decorated beautifully, and there was a feeling of excitement in the air. Although it was so sad to say goodbye to my friends, it made me (d   ) that I needed to move on. More than a decade's worth of schooling was over, and I was ready to start the next stage of my life. In the latter part of the graduation ceremony, I recalled my fulfilled school life, and then I realised my teachers' contributions and dedication were what made me who I was at that time. I felt privileged to be able to graduate from my high school and to have been educated in the best environment in the world.

Answer
7 正解 **determine**

選択肢の単語を全部極めよう

□□□

determine
[ditə́:min]

動 決心する、決定する

名 **determination**（決定）

▸ determine whether the hypothesis is correct（仮説が正しいかどうかを判断する）

▸ I am determined to pursue my dream of studying abroad.
（海外留学をするという夢を追求する決意をした）

▸ The medical test will determine whether the patient needs further treatment.（医療検査は患者がさらに治療を必要とするかどうかを決定する）

何かを堅く決意した時に be determined to の形で使うことが多く、decide（決める）や make up one's mind（決意する）よりも強い意志が感じられる。self-determined（自ら決定した）を用いた self-determined deadline（自分で決めた締め切り）も覚えておきたい。そして determine の発音は [ditə:main] ではなく [ditə:min] なので気をつけよう。

私には学生時代の貴重な体験がたくさんあります。その中でも特に鮮明に覚えているのは高校の卒業式です。みんなおしゃれで、校舎もきれいに掃除され、飾りつけられていて、わくわくするような雰囲気でした。友人たちとの別れはとても寂しかったけれど、自分も前に進まなければならないと**決心し**ました。10 年以上にわたる学校生活が終わり、次のステージに進む準備が整ったのです。卒業式の後半、充実した学校生活を思い出し、そして先生方の貢献と献身があったからこそ、あの時の自分があったのだと気づきました。高校を卒業できたこと、そして世界最高の環境で教育を受けたことを光栄に感じています。

何回解いた？ □1回 □2回 □3回

解答目標タイム … 60秒

Transport

235

One time I took a bus in Tokyo in the evening to visit the Skytree and enjoyed the experience a lot. The bus came on time and the inside was very clean. Because it was post-rush hour, the bus was not too crowded. I could sit next to the window and really enjoyed the night view of Tokyo. The most interesting thing for me was the people who were on the same bus. They were of all different ages and they all seemed to enjoy looking out at the busy Tokyo (a). Strangers sometimes even talked to each other about how exciting it was to visit the Skytree. It was very surprising for me seeing random people speak to each other since I know that Japanese people are usually very shy.

Answer
8 正解 **atmosphere**

選択肢の単語を全部極めよう

□□□

atmosphere
[ǽtməsfiər]

名 喧騒、雰囲気、空気、大気、様子

形 **atmospheric**（大気の）

▸ create a relaxed atmosphere（リラックスできる雰囲気を作る）

▸ The stadium had a festive atmosphere after Japan won the game.
（日本が試合に勝った後、スタジアムはお祭り騒ぎの雰囲気に包まれた）

▸ The restaurant has a romantic atmosphere with dim lighting and soft music.（レストランは薄暗い照明とソフトな音楽が流れるロマンチックな雰囲気である）

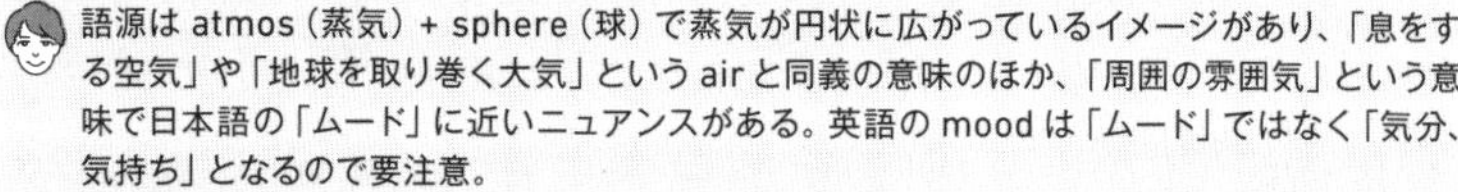

語源は atmos（蒸気）+ sphere（球）で蒸気が円状に広がっているイメージがあり、「息をする空気」や「地球を取り巻く大気」という air と同義の意味のほか、「周囲の雰囲気」という意味で日本語の「ムード」に近いニュアンスがある。英語の mood は「ムード」ではなく「気分、気持ち」となるので要注意。

ある時、東京で夕方からバスに乗ってスカイツリーを見に行きましたが、とても楽しかったです。バスは時間通りに来て、車内もとてもきれいでした。ラッシュアワー後の時間帯だったので、バスはそれほど混雑していませんでした。窓際に座ることができ、東京の夜景を楽しむことができました。一番興味深かったのは、同じバスに乗り合わせた人達です。年齢も様々で、みんな楽しそうに東京の**喧騒**を眺めている。知らない人同士が「スカイツリーに行くのが楽しみだね」と話していることもありました。日本人はシャイな人が多いので、知らない人同士が話しているのを見るのはとても意外な感じがしました。

何回解いた？ □1回 □2回 □3回

解答目標タイム ･･･ 60秒

Colourful bird

237

The most memorable animal I have ever seen is this colourful bird I saw in Australia. It was at a park in Sydney, and I remember so clearly how vivid its feathers were, like a rainbow. This is why it really stood out from the other birds at the park. It wasn't a kind of bird you could see in Japan, and I wanted to know more about it. This bird really stuck in my mind, especially because its chirping was very (d   ) and something that I had never heard before. Unfortunately, I never found out the name of the bird – it didn't even stay long enough for me to take a photo of it. But ever since then, my interest in wildlife, especially rare and endangered species around the world, has developed. I wouldn't say that this interest stretches to actually going out and birdwatching, for example, but I do like to stay informed about all kinds of animals.

Answer 9 正解 **distinctive**

選択肢の単語を全部極めよう

□□□

distinctive
[distíŋktiv]

形 特徴的な、独特の、特有の、異彩を放つ

名 **distinction**（違い） 動 **distinguish**（区別する）

▸ create a distinctive style（独特のスタイルを作る）

▸ The city has a distinctive architecture that reflects its history and culture.
（その都市にはその歴史と文化を反映した独特の建築物がある）

▸ The restaurant is known for its distinctive cuisine that blends different cultural flavours.
（そのレストランは様々な文化の風味をブレンドした独特の料理で知られている）

distinctive は顕著に特徴があり他のものと比べて個性的であるものを描写する時に使う形容詞で叙述用法では前置詞の of が伴う。副詞の very、highly、extremely などを用いることでより高度な表現にすることができるため IELTS スピーキングで活用してみよう。

今まで見た動物の中で最も印象に残ったのはオーストラリアで見たカラフルな鳥です。その鳥を見たのはシドニーの公園で、羽の色が虹のように、とても鮮やかだったのをはっきりと覚えています。公園にいるどの鳥よりも一番目立っていたのはそのせいです。日本で見ることのできるような鳥ではなかったので、その鳥のことをもっと知りたくなりました。その鳥は私の心に残り、特にその鳴き声はとても**特徴的**で、今まで聞いたことのないようなものでした。残念ながら、その鳥の名前を知ることはできませんでした―それどころか、写真を撮る暇さえなく、その場からいなくなってしまったのです。しかしそれ以来、世界に生息する珍しい、絶滅危惧種の野生動物への興味が高まりました。実際に私がバードウォッチングに出かけるほどまでの関心はありませんが、あらゆる種類の動物について常に知っていたいと思うようにはなりました。

何回解いた？ □1回 □2回 □3回

解答目標タイム … 60秒

Important job in the future

239

I believe artists are one of the jobs that won't be replaced by robots in the future. This is because I think that this is a field where accuracy and endurance won't be needed as much as creativity and critical thinking. It is an artist's job to produce something that no one in the world has made before and in order to do so, you at least need to have the general knowledge and common sense that you can get by obtaining a bachelor's degree. In addition, I think that it is important that artists and designers improve their IT literacy, so that they are able to create new kinds of artworks. Since creativity is needed to change the (u　　　　　) fixed understandings that most people in the world have, needless to say, artists would remain crucial not only for society in the given moment, but they could also contribute to the education of the people in later generations.

Answer
10 正解 **ubiquitous**

選択肢の単語を全部極めよう

□□□

ubiquitous
[ju(:)bíkwitəs]

形 至る所に存在する、偏在する

副 **ubiquitously** (いたるところに)

▸ become ubiquitous (どこにでもあるようになる)
▸ AI has become ubiquitous in modern society.
(AI は現代社会の至るところに存在している)
▸ The sight of skyscrapers is ubiquitous in major cities around the world.
(超高層ビルの光景は世界中の主要都市のいたるところにある)

ubiquitous はどこにでも出現することを意味する形容詞であり、低頻出語彙のため稀に英字新聞やニュースなどで目にする程度だが IELTS では必須英単語である。類義語の omnipresent (偏在) は神の威厳を強調する表現でこちらも覚えておきたい。

芸術家は将来ロボットに置き換えることのできない職業の 1 つであると信じています。これは正確さや忍耐力が創造性や批判的思考力ほどは求められない分野であると思っているからです。これまで誰も作ってきていない何かを生み出すことが芸術家の仕事であり、それをするためには大学の学位を取得することで得られる一般的な知識や一般常識が最低限必要になると思います。また、芸術家やデザイナーが IT スキルを磨くことは、新しい種類の芸術品を生み出すために重要だと思います。創造性は世界中のほとんどの人が持っている**至る所に存在する**凝り固まった概念を変えるために必要であり、今現在の社会だけでなく、次の世代の人々のための教育に貢献するためにも芸術家が重要であり続けるということは言うまでもありません。

INDEX

D

[著者紹介]

森田鉄也（もりた・てつや）

試験英語界のレジェンドであり現役 YouTuber。元東進ハイスクールのカリスマ講師。慶應義塾大学卒、東京大学大学院人文社会系研究科言語学修士課程修了。登録者 30 万人の YouTube チャンネルを運営しながら数多くの大学、高校、企業で英語を教える。武田塾 English Director。武田塾高田馬場校、豊洲校、国立校、鷺沼校オーナー。IELTS 8.0 取得、TOEIC L&R 990 点（100 回以上）、TOEFL iBT 115 点、国連英検特 A 級、英検 1 級、ケンブリッジ英語検定 CPE、通訳案内士（英語）合格。英語教授法 TEFL、ケンブリッジ大学認定英語教授資格 CELTA 取得。

嶋津幸樹（しまづ・こうき）

アジア No.1 英語教師の称号を手にした IELTS エキスパート。17 歳のときに海外進学塾を創業。青山学院大学文学部英米文学科卒。ロンドン大学教育研究所応用言語学修士課程修了。ケンブリッジ大学認定英語教授資格 CELTA 取得、IELTS 8.0 取得。Pearson ELT Teacher Award 2017 受賞。現在はタクトピア株式会社にて ELT（英語教育）ディレクターを務める傍ら、大学講師や IELTS 講師を務める。

本書のご感想をお寄せください。
https://jtpublishing.co.jp/contact/comment/

解いて身につく IELTS 重要英単語

2024 年 6 月 5 日　初版発行

著　者　森田鉄也　嶋津幸樹

発行者　伊藤秀樹

発行所　株式会社 ジャパンタイムズ出版

〒 102-0082 東京都千代田区一番町 2-2 一番町第二 TG ビル 2F

ウェブサイト　https://jtpublishing.co.jp/

印刷所　日経印刷株式会社

本書の内容に関するお問い合わせは、上記ウェブサイトまたは郵便でお受けいたします。

定価はカバーに表示してあります。

万一、乱丁落丁のある場合は、送料当社負担でお取り替えいたします。

（株）ジャパンタイムズ出版・出版営業部あてにお送りください。

Printed in Japan　ISBN 978-4-7890-1882-1